やりたいこと、全部やりたい。

自分の人生を自分で決めるための方法

株式会社スプリング代表
立花佳代

アスコム

はじめに

やりたいことをやり続けるのに、才能なんていらない

「よくこんな状態で、6万キロ以上の距離を無事に運ばれてきたなぁ」

そう思えるような、ボロボロになった段ボールが目の前に積み重ねられていました。なかを開けたら名前も知らない見たこともない大きなサイズの虫が出てくるし、商品が入った袋はザラザラで砂まみれ。段ボールを開けたら開けたで、目はかゆくなるし、くしゃみは止まらないしで、マスクをしての検品作業……。

それが、「インドの小さな村の伝統工芸技術を使ったオンリーワンのアクセサリーブランドをつくりたい」というわたしの思いではじまった仕事の最初の納品でした。

お世辞にも商品の質がいいとはいえず、とてもじゃないけど売り物にはならない。もちろん、すべて一からやり直しです。

それからの約2年間、生産拠点のインドからは同じような商品が送られてくるばかりでした。それでも、インドの現地スタッフに賃金を払い続けなければなりません。日本の製品技術や実際に販売されるところを見てもらいたい一心で、わたしの会社がある大阪まで現地スタッフを呼び寄せたこともあったほどです。

「一進一退」どころか、後退するだけのような毎日。そんな状況を見兼ねた周囲の仕事関係者からは、「もうやめたら?」「これまで調子がよかったのに、なんでわざわざ苦労することをやっているの?」といわれることも。わたしを信じてついてきてくれた日本のスタッフに対しても、申し訳ない気持ちになったことをよく覚えています。

なぜそれでも続けたのか——。理由はとてもシンプルです。

心から「やりたい」と思ったから。

インドの精巧な工芸技術と日本の「いま」を切り取るデザインを組み合わせることができたら、大阪の名もなき小さなアクセサリーメーカーだって、この世に出ていないまったく新しいアクセサリーをつくることができる。

そんなことを想像するたびにわくわくが止まらず、「絶対にやりたい」と思ったのです。

それから試行錯誤を繰り返し、なんとかパリの展示会に3回出展できるまでに商品のクオリティーを上げることができ、デザイン、価格、ブランドストーリーなど、あらゆる面でほかにはないアクセサリーブランド「MAYGLOBE by Tribaluxe」（メイグローブ バイトライバラクス）を展開することができました。

おかげさまで、インドの貧しい村に雇用を生んでいることなどが注目され、エシカルファッション（倫理的で、人、社会、環境、そして地球に優しいファッション）のブランドとして認知が広がっていき、このように書籍を出版する運びとなったわけです。

そんな取り組みに興味を示してくれる人に対して、わたしのこれまでのことを話す機会がたびたびあるのですが、なぜか決まってこういわれます。

「立花さんってすごいですね！」

「社会貢献活動をして偉いですね」

でも、これらの声に対しては、全力で否定したいわたしがいます。

純粋な気持ちで、「やりたいことを全部やる」と心に決めた。

それをよりどころにして、ときに傷つき、ときにボロボロになりながら、一歩一歩、前に進んできただけ。

わたしは、まったくもってすごい人間ではありません。もし仮にわたしがすごい人間であるなら、あなたも、あなたのまわりのみんなも、同じようにすごい人間だと思います。

○ 半径1メートルのSDGsがちょうどいい

兵庫県神戸市の三宮《さんのみや》の高架下にあった、広さ1坪程度のパンスト店の長女として生まれたわたしには、コネもお金もありませんでした。ビジネスのアイデアが次々と湧き出てくるような、優秀な頭脳も持ち合わせていません。いわゆる、エリート街道とはあまりにかけ離れた世界です。

大学を卒業して23歳で結婚。娘をひとり授かるも、労働意欲に乏《とぼ》しい夫に嫌気がさして、27歳のときには離婚を経験しました。シングルマザーになり、やむなく実家に出戻ったわたしは、家業を立て直す手伝いをはじめます。

そしてわずかなお金が貯まったタイミングで一念発起し、自分で事業をはじめたのが25年前のことでした。

そんなわたしは、自分でもあきれるほど「怖がり」で、情けなくなるくらいに悲観的でヨワヨワな人間です。

でも、怖がりだからこそ、勝機のまるでないギャンブルのようなビジネスをして大失敗することもなく、ここまで無事にやってこられたような気もします。

子どものことを思えば離婚もしたくなかったけれど、あのまま結婚生活を送っていたら自分にも娘にもいいことは起きなかったでしょう。

あらためてこれまでを振り返れば、ただ自分が「やりたい」と信じたことを、愚《ぐ》直《ちょく》にやり続けてきた半生でした。

自分の「思い」だけで生きてきた――。だからこそ、**「誰だって『思い』さえあれば、やりたいことは全部できる」**。そう、わたしは確信しています。

また、自分の工場があるインドの村で健康診断を実施したり、雇用を守るために新しい商品を開発したり、環境に配慮してリサイクルのアクセサリーをつくったりと、世間から見ると社会貢献と呼ばれるようなこともしていますが、わたしは社会貢献活動家でも慈善事業家でもありません。

重要なのは、あくまでもビジネスがベースにあるということです。

自己犠牲とか、マザーテレサ的な愛と献身的な精神とはかけ離れていて、だからこそ結果として、インドのスタッフたちとウィンウィンの関係を築くことができたのでしょう。

そもそもインドの小さな村でビジネスを展開しはじめたのは、「インドの伝統的な刺繍《ししゅう》の技術を活かした商品を開発する」「いままでにないオリジナリティあふれるアクセサリーをつくる」というプロジェクトの基本コンセプトが頭に浮かび、その対価として現地スタッフには仕事とお金をちゃんと与えるという思いがあったからです。

ただ不思議なのは、「やりたいこと、全部やりたい」という気持ちで生きていると、必ずまわりにはたくさんの人が集まってきます。

まわりの人が楽しそうでなかったら、自分だって楽しくありません。すると、「どうにかみんなが笑顔で、できるだけ楽しい生活が送ることができたらいいな」という気持ちになっていきます。

その笑顔を増やしたいからこそ、いろいろな企業とコラボレートしたり、新しいことをはじめたりしているのが実情なのだと思います。

正直、いまのわたしが、インドの貧困問題を解決しようと立ち上がったところで、なにもできません。

でも、**「やりたい」という気持ちは、「できるかも」という可能性を持った気持ちから生まれることも知っています。「やれたらいいな」では、なにも変わりません。「できるかも」がいつしか、「やりたい」となる。**そして、前に進むために行動して、はじめてなにかが変わりはじめるのです。

「半径1メートルのSDGs（エスディージーズ：持続可能な開発目標）」

そんな思いを持ちながら、自分のできることでまわりのみんなを「なんとかしたい」「ポジティブに変えていきたい」と行動することが大切なのだと思います。

○人生の主人公は、いつだって自分

人に与えられた環境は、それこそ世界中の一人ひとりが異なります。

たとえ生まれた環境が恵まれていなくても、（わたしのように）シングルマザーになったとしても……人生の主人公は、いつだって自分です。

生きていれば、誰だって悩みの種はつきません。特にパンデミックのような予期せぬことが起きたら、不安にもなるし絶望だってしてします。もちろんわたしも、そのひとりです。

でも、だからといって**自分の運命を呪うのではなく、やれない理由を探して言い訳するのでもなく、「やりたいこと」を全部やって、たった一度の自分の人生を後悔なくまっとうしたい。**

たとえ心が折れそうになっても、しばらく沈んだらまた立ち上がって、自分なりに一歩ずつ前進していきたい。

過去を悔やみ、未来ばかりを心配して生きたくない。

インドをはじめとした世界の貧困問題を解決できなくても、せめて、自分の目に映る人たちはできる限り笑顔にしたい。

だから、いまを懸命に生きる――。

本書は、わたしのこれまでの歩みを軸に、いま仕事や人生について悩む人たちに向けて、「やりたいことを全部やる」という生き方のヒントになればという思いで書きました。

失敗もたくさんしたし、すべてを投げ出したくなったこともたくさんあります。そんなわたしの人生だからこそ、なにかしら役に立つことができるかもしれません。
わたしは自他ともに認める、とても不器用な人間です。
でも、わたしにだってできるのだから、誰だって「やりたいことは全部やれるよ！」としっかり伝えたい。

「やりたいこと、全部やりたい」と思い続けることが、あなたと、そのまわりの人たちを幸せにしてくれます。

わたしは55歳になったいまでも、毎日のように失敗と成功を繰り返し、笑いながら泣き言をいいながら生きています。そして、そんな日々にある幸せを噛《か》みしめながら生きている、真っ最中にあるのです。

CONTENTS

第2章 やりたいこと、全部やるために

第3章 やりたいことをあきらめない

第4章 いま、ここからはじめよう

第1章

自分もまわりも幸せになるには

自分が楽しくないと、まわりも幸せにできない

いま、わたしが代表を務めるスプリングでは、事業の柱のひとつとして、インド伝統の手刺繍やビーズワークを活かしたアクセサリーブランド「MAYGLOBE by Tribaluxe」（メイグローブ バイトライバラクス）を展開しています。

どの商品もインド独自のデザインを取り入れながら、日本の女性が可愛いと感じられるような、日本のトレンドを押さえた繊細でオリジナリティあふれるアクセサリーです。

それまで、これといって目立った産業のないインドの小さな村の女性たちが手に職をつけることで、自立の機会を与えているとの評価を得て、おかげさまで商品のクオ

リティーだけでなく、ＳＤＧｓなどの言葉が広がるなか、エシカルなアクセサリーブランドという文脈で評価をしてくださる方が増えてきたのは、本当にありがたいことです。

「MAYGLOBE by Tribaluxe」のアクセサリーは、インドの大都市・デリーから車で2時間ほど行った北部にある、伝統工芸技術を受け継いできた村々との協働でつくられています。

刺繍が得意な村、編み物が得意な村というように、それぞれの村に代々伝わる伝統工芸の技を活かして、当社でデザインしたものを手先が器用で技術のある職人たちが丁寧に一つひとつ手づくりします。

一般的な金属をベースにするのではなく、生地を使っているため軽くて着け心地がいいこのアクセサリーは多くの人に好評をいただいていますが、２００４年にわたしがはじめてインドを訪れて以来、ここまでのブランドに育て上げる道はとても険しいものでした。

わたしがインドでアクセサリーをつくることを考えたのには、いくつかの理由があります。

まずわたし自身が、もともとアジアの民族系ファッションが好きだったのです。家業を手伝っているときから、シンガポールやタイやマレーシアからファッションアイテムをよく仕入れていました。

このとき、インド産の刺繍アイテムやガラスビーズなども扱った経験から、「インドのアイテムは技術もあって、ユニークなものがあるな」と常々、感じていたのです。

そしていつの日か、日本のファッションに感度が鋭い女性たちが、納得して着けられるインドのアクセサリーをつくりたいと思うようになっていました。

なにより、わたし自身がそんなアクセサリーがほしかったのです。

「ならば、自分でつくってしまおう」

そうして、いわば自分が楽しむために、ほかのどこにもない質の高いオリジナルのアクセサリーをつくることを思い立ちました。

最初の原点が、「自分が楽しむ」ということだったのがうまくいった秘訣だと思います。

他人を幸せにしたいとか、他人にいい格好をしたいとか、他人を行動の動機づけにしてはじめたことは長続きしないし、うまくいかないように思います。

なぜなら、まさにその他人の力を借りないと、ものごとを成し遂げることはできないからです。

自分でなんでもできる人だったら違うのかもしれませんが、少なくともわたしひとりの力なんて微々たるもので、まわりの人間の力に頼らないとなにもできません。

だからこそ、相手も同じように「楽しそう」「やってみたい」と本気で思ってもらうことが大切です。

自分が心の底から「楽しい」「やりたい」と思ってもいないことを、相手に「楽しい」「やりたい」と思ってもらうのは難しいのではないでしょうか。

これができたらこんなすごいことができる、こんな楽しいことになるということを、心から相手に伝えてはじめて、相手も一緒になって協力してくれて、ものごとはうまくいくはずです。

そのため、わたしの行動の基準はいつも「自分が楽しいと思えるかどうか」にあります。

○つくる側も仕入れる側も幸せなブランドにしたい

そんな思いで事業を進めてきて、想定していなかったことが起きました。

それは、インドでのビジネスを通じて現地の女性たちと触れ合い、彼女たちの生活水準の向上にも貢献できたことでした。

村では女性たちが手工芸で家計を助けていますが、村のインフラはまるで整っておらず、みんなとても貧しい生活を送っています。それでも彼女たちはいつも明るく、毎日たくましく暮らしていました。

そして現在では、日本市場向けの製品をつくるために多くの職人たちが活躍し、産業の少ないインドの村の生活水準の向上につながっています。

現地に行くと、自分たちの技術で生活がよくなることを誇りに思ってくれている様子が伝わってきます。

わたしたちも、自分たちのためにはじめた仕事をとおして彼女たちの役に立てていることがとても幸せで、これからも楽しんで、一緒に仕事を続けたいと思っています。やはり、**つくる側も仕入れる側も幸せであることがなにより大切**なこと。

そんなわたしたち生産者と、その製品を楽しんで着けてくれる消費者の「思いがつまった」ブランドが、「MAYGLOBE by Tribaluxe」なのです。

いいことは続かない。いいときほど先を見る

もうひとつ、インドで事業をはじめた重要な理由があります。それ以前は、日本や韓国を生産拠点にして**業績を順調に伸ばしていたのですが、わたしは「これがずっと続くわけない」という恐怖心を抱いていた**のです。

わたしが韓国に行きはじめた頃は、いまのようにメルカリのような個人間で商品を売買するサービスもなにもない時代ですから、いろいろな物をハンドキャリーで仕入れてフリーマーケットで売るのがちょっとしたブームになりつつありました。

でも、みんながそうしていくわけであって、そんないい流れがいつまでも続くはずがありません。

いつ誰が同じことを、規模を大きくしてはじめるかもしれず、むしろそこにあるのは恐怖だけです。同じことをやり続けて、ずっと同じように成長し続けている会社なんて、聞いたことがありません。

だからこそわたしは、海外では信頼できるビジネスパートナーを探し、きちんと生産から手掛けることで、日本市場にあった商品をつくろうと考えました。

商売が軌道に乗っていても、わたしは「もっと日本人が行かない場所で、日本人がやらないことをやらなくては……」となぜかいつも焦《あせ》っていました。

たまたまヒット商品をつくることができましたが、それもまた誰だってできることと。要するに、他社とまったく違うことをしなければ差別化ができないという、会社としての事業における必要性があったわけです。

当時、競合他社も、中国や韓国はもちろんのこと、インドネシア、タイ、ベトナムといった東南アジアまで事業の手を広げていました。「ならば、ほかにはどこがある？」と考えたとき、ふとインドが思い浮かんだのです。

競合他社がインドに手を伸ばしていなかった理由として考えられるのは、インドは日本からの距離が遠いだけでなく、事業環境やインフラも整っておらず、様々な面での事業リスクが大きかったからでしょう。

しかも、「インド人は平気で納期に遅れるし、できないこともできるというよ」と、まことしやかにささやかれていました。

でもわたしは、「そんなインドでやったらきっと武器になるな」という、天邪鬼《あまのじゃく》な考えも持っていました。

いい悪いは別にしてお国柄というものもあるし。あらゆる側面から見て確かにハンドリングは難しそうだけれど、もしそれができたら、インドの高い技術を使って質の高い商品をつくることができる。

そして、それはまだほかの誰もがやっていないこと……。

いまとなって振り返れば、このときも、わたしの**「怖がり」な性格ゆえに、逆にほかの人よりも先んじることができた**のかもしれません。

会社としての事業のスタートは順調でしたが、「たまたまだ」「人生そんなにうまくいくわけがない」と、わたしはいつも感じていました。本当に、自分でもあきれるくらい苦労性です。

「山高ければ谷深し」といいますが、うまくいっているときほど、次の手がなければすぐに怖くなってしまうのです。実家は神戸の三宮の高架下でパンスト店を営んでいたのですが、幼少期から家業を見ていて、自然とそんなリスクマネジメントの感覚が身についたのかもしれません。

いずれにせよ、**どんな仕事であっても、調子がいいときほど先を見る視点は必要不可欠**です。

悲観的な見方は好きでない人もいると思いますが、どんな仕事でも結果を出していくためには、「いいことは一生続かない」と自分を省《かえり》みる、客観的な視点がなにより大切なのです。

お互いが幸せにならない「エシカル」には、意味がない

2004年10月、わたしはインドがどんな場所かも知らないまま訪れました。本格的に事業をはじめるのは2008年ですが、このインド事業がのちにスプリングの主要事業のひとつへと育っていくことになります。

2008年といえば、日本で雑誌「VOGUE」が、「エシカルファッション」の特集を組んで話題となった年でした。

その4年前に現地へ行き、様々なものを見ることができたのは大きかったですが、そのとき当然「エシカル」という観点はありませんでした。

先に書いたように、ビジネス上の必要からインドへたどり着いただけでした。やりたかったのは、刺繍やビーズワークなどインドの伝統文化を活かし、クオリティーに厳しい日本の市場で勝負できるような、新しいアクセサリーをつくることです。

当時も東南アジア周辺で物を仕入れる同業者はたくさんいましたが、その国の伝統工芸と日本のトレンドを掛け合わせた質の高い商品はなく、それをインドで実現したかったのです。

物を輸入するだけなら誰にだってできます。

なぜ多くの人が、海外で商品をつくったり仕入れたりするのかというと、端的にいえばコストが安いからです。安い人件費でつくった安い商品を仕入れて、物価の高い国で売りさばくというビジネスです。

でも、**その国しかできない技を使って、新しいなにかを生み出そうとする発想は、当時もいまもさほど多くありません。**

試しに、市場に出ている「メイド・イン・インディア」の商品を手に取ってみてください。

大半が驚くほど値段が安いものばかりです。

だからこそ、多くの企業はそのビジネスで儲けているわけで、それらはファストファッションや100円ショップなどの商品として、数百円から数千円程度で売買されます。

でも、わたしはそんなものはつくりたくありませんでした。

いわゆる途上国の人々にお金を払い、いわゆる先進国向けに「まあまあ」の商品をつくってもらって、お互いになにかいいことが起こるでしょうか？　生産者や消費者の誰かが本当に幸せな気分になれるでしょうか？　もちろん、現地には雇用が生まれますが、雇用なら違うかたちでも生むことはできます。

わたしが求めていたのは、インドの民族文化に根ざした高度な職人技が使われていて、かつ日本のファッション感度の鋭い人たちが納得してお金を払って（といっても求めやすい価格で）、楽しめるアクセサリーをつくることでした。

インドには、「手がこんでいるな」「どうやってつくっているの？」と思わずうならされる技術がたくさん受け継がれています。

それらを存分に活かして、日本市場向けの生産ラインをつくり、消費者であるわたしたちが商品に見合う対価をきちんと払えば、お互いに幸せになれるはずだと考えたのです。

前述しましたが、わたしは、「エシカル」を意識してインドの事業をはじめたわけではありません。根っからの商売人ですから、**ただ「いいもの」をつくり、お互いに「いい仕事」がしたい**と思っていただけです。それには国境なんてまったく関係がないことも、のちに詳しく紹介する韓国の全（チョン）さんとのパートナーシップで確信していました。

ひるがえっていまの時代は、生産にも消費にも「エシカル」という視点が重視されるようになり、ひとむかし前にくらべて隔世《かくせい》の感があります。

でも、ただ流行っているからではなく、結局は、**「いかに他者のことに思いを馳《は》せられるか」「お互いに思い合えるか」の話**だとわたしは考えます。

お互いに力を合わせていいものをつくり、わたしは気持ちよく対価を支払って、相手は誇りとともに十分な報酬を受け取る。そして、お客さんに納得して買っていただき、幸せな気分を味わってもらう。

エシカルや社会貢献だと肩肘張ることではなく、まず「自分もほかの人も幸せになるためのなにか」がしたい。

そのほうが、みんなが幸せになっていいことも循環するし、なにより気持ちが楽になって、心地よく生きられるような気がしています。

商品は真似されても、「ストーリー」は真似できない

もうひとつ、わたしが、ただの輸入をしなかった理由があります。

それは、ただ輸入した商品だと意味がないと感じたから。

ただ輸入しただけだと、すぐにほかの誰かが真似をできるからです。

もちろん、インドから輸入することも、いい商品を見つけることも苦労はします。

でも、そこに、他人の心を動かすような「ストーリー」が生まれるとは思えないのです。

一方で、一緒になって新しいものをつくろうとすると、そこに「ストーリー」が生まれます。

いろいろな**苦労であったり、つくり手の思いであったり、商品をつくる過程で生じる紆余曲折《うよきょくせつ》などの「ストーリー」は、わたしと、相手でしか紡《つむ》ぎだせない**ものです。

それは、真似しようにも真似ができないものです。

そして、苦労すれば苦労するほど、「ストーリー」が魅力的になってくる。だからこそ、開発途中に大変なことがあっても、これで「ステキなストーリー」になるかもと考えられて、前向きになることもあります。


いま、これだけいろいろな情報がインターネットで行きかうなか、商品は真似されやすい時代になっています。なかなか、商品で差別化をはかることは難しい。

だからこそ、そのブランドや商品の持つオリジナルの「ストーリー」で差別化をはかることが、とても大切なのではないでしょうか。

「SDGs」「エシカル」の真ん中に、自分の「やりたいこと」を置く

「SDGs」や「エシカル」な生き方という言葉を聞くと、「いやいや、自分が生きることで手一杯だから」という人もいます。

でもこれは、そんなに難しいことではありません。

SDGsだと「持続可能な社会をつくる」、エシカルだと「倫理的、道徳的な生き方をする」……なにか壮大なことをしなくてはいけないような気になるのも無理はありませんが、本当はもっと、自分たちの身近なことなのです。

結局は、「やりたいことを全部やりたい」と思うかどうかではないでしょうか？

自分がどうしたいかと突き詰めると行動的になり、なんらかの結果を出すことができます。すると自分も幸せになるし、その流れのなかでまわりも幸せにすることができる。

いま手一杯なら、それはそれでいいのです。でも、ＳＤＧｓやエシカルを意識した商品を買うことはできます。少しだけでも余裕があるなら、いまやっている仕事で、自分だけではなくまわりも幸せになることはできないかを考えることもできます。

結局、そうやって階段を一つひとつ上りながら、**自分にできることをやっていく「半径１メートルのＳＤＧｓ」を考えることが大切**だと思うのです。

世の中にないアクセサリーをつくりたいという思いから、インドの小さな村と協働してアクセサリーづくりをはじめました。

そして気づけば村の暮らしに変化が見られ、村の女性たちも生き生きと仕事をして、生活に必要な設備が増えていきました。

自分がやってきたことが村の生活の向上に影響していると気づくことで、健康問題や教育問題などにも手を伸ばしていくようになりました。

そしていま、**もっとエシカルな環境も考えたブランドにしたいと思い、使わなくなったアクセサリーをリサイクルする活動**もはじめています。

いつだって活動の真ん中には、わたしだったり会社だったりの思いがありました。エシカルもＳＤＧｓも、中心にあるのは自分の「やりたいこと」でいいのです。誰かのためにとか、社会のためにとか考えるのは無理があるのでしょうし、それこそ流行りで終わってしまってはなんの意味もありません。本当の意味で持続可能な活動にしていくには、やはり自分自身を中心に置き、まずは１メートルの半径からＳＤＧｓの活動を意識していくことです。

価値観が同じ人は、どの国にも必ずどこかにいる

インドで仕事をはじめたことで、プラギートというとても信頼できる事業のパートナーと出会うことができました。

彼との関係は、最初は**ヤフー・インディアでインターネット検索し、雑貨やアクセサリーの輸出を手掛ける業者を調べて、一斉メールを出した**ことからはじまります。そのなかで、いちばん丁寧な返事をしてくれたのがプラギートでした。

そこで、早速サンプルを送ってほしいと返信したところ、レスポンスがとにかく早い。しかも文面が誠実だし、「これは一度会って人柄を見てみたい」と思い、すぐにビザを取って会いに行くことにしました（彼は、はじめてのメールから2週間後にわたしが

来るというので驚いていましたが)。

到着したインディラ・ガンディー空港は、いまと違ってボロボロの空港でした。ターバンを捲いた髭が長い男性たちがいたるところにいて、わたしはひとり彼の写真を手にポツンと待っていました。

でも、到着後30分経っても現れません。ひとりでだんだん心細くなってきたわたしは、「もしかして騙《だま》されたのかもしれない」と、ものすごく後悔しはじめました。

当時わたしの携帯電話はそのまま海外で使えなかったので、そこで勇気を出して、たまたま空港にいた人に頼んで彼に電話してもらったところ、「渋滞で遅れているけれど、必ず迎えに行くから待っていて！」といわれたのです。

ほどなく現れた彼は、着いた途端、わたしに頼まれて電話をかけてくれた見ず知らずの人と〝手伝い賃〟の交渉をする羽目になってしまいました。

彼に案内されたデリーの街中は、まさにインドのイメージそのままの、ごった返したカオス状態。でも、よりカルチャーショックを受けたのはインドの田舎です。なぜなら、道路も街灯も見あたらないような、本当になにもないところだったからです。

それでも、彼の案内で田舎の村を巡り、現地の伝統工芸の技術を見せてもらったり、アクセサリーに使える天然石を見せてもらったりして、「ここで日本向けになにがつくれるのだろう?」と考える材料を持って帰ることができました。

そしてなにより、思いつきと勢いだけでインドに行ったのに、プラギートという生涯のビジネスパートナーに出会えたことはわたしにとって最大の収穫でした。

自分でも不思議ですが、直感を信じて思い切って出かけた場所や声をかけたりしたタイミングに、大切な巡り合わせがいつもあるのです。

考えてみるに、おそらく**自分が大切にしたいことや価値観をしっかり持っていると、同じ価値観を持った人に気づきやすくなる**し、お互いに引き合うエネルギーがあるのではないでしょうか。

わたしがビジネスをしてきた韓国でもインドでも、ほかの人と知り合う機会はたくさんありましたが、価値観が違うと同じところを目指していくことはできません。

逆にいうと、**「なにを大切にして仕事をしているか」「まわりにいる人を大事にしているか」といった根本的な価値観が合っていれば、国籍や文化が異なろうが、生涯の友やパートナーは必ず見つかる**と断言できます。

プラギートを見ていると、慈悲《じひ》深く、働く仲間たちをとても大事にしているし、私利私欲で仕事をしているのではないことがひと目でわかります。

こちらのほうが恥ずかしくなるくらい心が綺麗なので、わたしはいつも「なにがいちばん大切なのか」を考えさせられることになります。

詳しくは追って書きますが、韓国のビジネスパートナーである全さんも同じで、自分の身を差し置いてでも相手の心を思うマインドがあります。わたしの会社の日本人スタッフもみんな、「全さんほど心の綺麗な人ってなかなかいないよね」と話しているほどです。

そんな本質的な価値観が一緒だからいい仕事ができるのだし、ひとつのことで成功したら、同じ喜びをシェアすることもできます。

わたしが曲がりなりにもなにもないところからやってこられたのは、ひとえに彼ら彼女らとの信頼関係を築けてきたからこそです。

みなさんのなかにも、いま「なにかしたい」「本当にやりたいことがしたい」と考えている人はたくさんいると思います。

でも、自分ひとりでできることって、案外少ないものです。特に**資本や特別なスキルもない場合は、なおさら誰かの力を借りることが欠かせません。**

そんなときこそ、「この人は信用できる！」という人を探すことはとても重要なこと。パートナーシップを築くのは、日本であろうが海外であろうが変わりません。同じ人間なのだから、あなたと価値観の合う人は必ずどこかにいます。

せっかくなにか新しいことをはじめるときに、変に身のまわりの常識や人間関係や、国籍・民族の差異などにとらわれていてはもったいないと思いませんか？
広い視点で共通点を見出して、あなただけの特別なパートナーを探しましょう。

歩きながら間違いを探すことが、やりたいことをやるための近道

それでも、インドでの事業は試行錯誤の連続でした。結局は、はじめてみないと見えないことばかりで、だからこそ、**とりあえず歩き出してみることが、やりたいことをやり遂げるための近道**だということに、あらためて気づかされました。

まず壁にぶつかったのが設備の問題です。

例えば、アクセサリーにとって重要なメッキがうまくのらないなど、日本ではあたりまえにできることが設備の問題でできなかったのです。

技術を紹介しても、そもそも下水道のインフラが整っていないため、できたとしても最終的にはまわりに垂れ流しになり環境を汚染してしまいます。そんな問題もあり、やがてハンドメイドだけでできることを考えるようになりました。

そして、期待していた手作業でのクオリティーが、厳しい日本市場を想定すると低かったのも問題でした。これまで欧米向けの安い商品をつくっていたからか、村人たちの技術がなかなか追いついていきません。

丁寧に何度指示を出しても、綺麗なサンプルが仕上がってこない状態が2年、3年と続き、わたしは次第に疲れていったのです。

数年後わたしは、「**どんなことも表面的な対症療法ではなく、根本的な部分から変えていかなくてはならない**」と気づくわけですが、当初は「なぜこうなるの?」「なぜ指示どおりにできないの？」と自分の頭のなかで理解ができませんでした。

そうして、わたしたちはいったんインド事業をあきらめました。

しかし、2008年にリーマンショックが起こり、当時、欧米を中心に事業をしていたプラギートが苦境に陥《おちい》って、わたしを頼って連絡が来たのです。

わたしは最初にインドと関わりはじめた頃から、ずっと「他社と差別化できる技術を使った商材がほしい」と考えていました。そこで、素晴らしい人柄は知っていたので、もう一度、彼と一緒にやることを決心したのです。


ただ、いくら時間が経ったからといって腕が上がるわけはなく、相変わらず指示とは異なるサンプルばかりがインドから送られてきました。

欧米向け商品と日本向け商品では、まったく求められる要素が違います。

欧米人は、インド人がつくるちょっとガタガタしたものを、むしろ好む傾向があります。

丸いビーズのなかに四角いビーズが混ざっていても、「これがインドっぽいよね!」と好意的に受け入れてくれるのです。

でも日本では、ビーズのかたちが揃っていなければただの不良品でしかありません。しかも、日本向けの商品をつくれるようになったとしても、あいだに欧米向けの商品を挟むと、また日本向けの商品がつくれなくなる現象も起こりました。なぜなら職人たちは、技を「手」で覚えるからです。

そこに至って、「スプリング専用の生産ラインをイチからつくらなければ何年やっても同じだ」とようやく気づくことができたのです。

○ 決断には「やるか、やらないか」しかない

日本専用の生産ラインをつくるといっても、まったくゼロからのスタートです。技術指導をして、まずは技術そのものを養うことからはじめることになります。

もちろん商品がうまくつくれなくても、村人たちの時間と労力を使うわけですから、賃金を払わなければなりません。

そうした諸々を合わせた経費を試算すると月々50万円はかかり、これは零細企業にとってはかなり厳しい金額です。なにしろ毎月50万円を払い続けて、本当に生産できるようになるのか、それがいつになるのか、まったく見えない状態だったからです。決断には「やるか、やらないか」しかなく、あいまいな選択肢はそこにはなかったのです。

欧米向けの生産ラインで中途半端につくっても、日本で売れなければ意味がないのはあきらかでした。

このときわたしは即断できず、一晩ホテルにこもって考え続けました。

これまでの経緯を考えると、結果が出ない可能性は高いかもしれない。でも、インドの技術を使って日本向けの生産ラインをつくることができれば、スプリングの大きな柱になることも見えている。そこに至るには、どれくらいの時間がかかるだろう？

果たして、会社の体力は持つだろうか？

そしてさらに難しい問題は、仮に高品質の商品をつくれるようになったところで、そのときに会社に売る力があるかどうかもわからないことです。

5年後にできるようになっても、5年後に販売できるかどうかはわかりません。ファッションの世界は変化が激しく、トレンドが変わることは十分あり得ます。

そのあたりの足並みを揃えるのが、決断をより難しいものにしていました。

スタッフに対しての責任がある、社長という立場のわたしにとって重い決断でした。ただ、**決断というものは、まさに「やるか、やらないか」を決め、一方の道を絶つからこそ「決断」になり得る**のです。そのことを肌身で感じた出来事でした。

決断は、人生のどんな場面でも起こります。

誰の人生にだって、どちらかの道をはっきりと選ぶ必要がある場面はいくつもあるでしょう。その決断を下すには、客観的な思考や培ってきた経験が必要ですが、なにより自分の「価値観」そのものが問われます。

納得いく道を選択し、決断していくのは、まさに「自分が大切にするものはなにか」「自分がやりたいことはなにか」を問う姿勢なのです。

そうして一晩考え続けたわたしは、リスクを負う決断を下しました。

「やろう。新しい事業に挑戦するということは、そういうことなんやから」

思いをかたちで見せないと、相手はいつか離れていく

サンプルをつくり続けるには、投資し続ける必要があります。

職人たちのモチベーションも上げなければならないし、自分たちもそれだけの余力がなければなりません。

しかし、1年ほど経っても、インドからは相変わらずガタガタのサンプルが納品されてきました。

彼ら彼女らがどんなものならつくりやすいかも知らないので、わたしたちがいくら頭をひねってデザインしても、まったく異なるテイストで仕上がってくることもしばしばです。

それ以上に、そもそも段ボールを開けると変な虫が出てくるやら、ザラザラした砂やら埃《ほこり》やらでいっぱいで、スタッフの目がかゆくなったり、くしゃみが止まらなくなったりと、とにかくすごい状態だったのです。

「やっぱりお金をドブに捨てているんやろうか……」

そう何度も思いましたが、それでも日本のスタンダードに合わせるためには、ひたすら訓練しなければなりません。

そして当然、賃金を払う必要だってあります。

ただで働かせるわけにはいきません。**言葉だけでなく、どれだけ思っているかを見えるかたちで伝えることは、特に長く一緒に歩んでいく相手には欠かせないこと**ではないでしょうか。

どうしたらうまくいくのか。考えに考えて、日本のスタッフのデザイナーが、失敗した箇所に対してひとつずつ、絵でわかる修正の指示書をつくって送り返し、トライアル&エラーを繰り返して、「いつかはしっかりしたものが来るはずだ」と信じて、書いては送り、届いては書くことを続けました。

でも、指示したことができるようになったかと思えば、新たな失敗をするので、きりがありません。覚悟してはじめた事業でしたが、しっかりした品質のものをなかなかつくることができず、それから約3年にわたり苦しい状態が続いたのです。

「百聞は一見にしかず」は、本当です

もちろん技術そのものは、インドには素晴らしいものがあります。

ただ、現地スタッフにはそれを砂埃のないところでつくらなければならないという概念がありません。公平にいうなら、日本人だから「砂まみれではいけない」と考えるわけです。

結果が出ないと、目標を達成するためにどうするか、技術的なところに目を向けがちです。しかし、**ものごとが行き詰まってしまうときは、一方が当然と考えている根本的な価値観が共有されていないところに原因が隠されている**ことがよくあります。

こちらが当然と考えているからこそ、なかなか気づかないのです。

相手のことをきちんと知ることが大切なのです。

この例でいえば、砂埃まみれなところで仕事をしてはならないことがわからない人に「清潔なところでやりましょう」といっても理解されるわけがなく、「まず作業場を毎日掃除して、綺麗な布を敷いて、そこでは靴を脱いでからやる必要があるんです」と、そもそものところから教える必要がありました。

こちらが相手のことを知ると同時に、相手にも、自分たちのことを知ってもらわなければなりません。

そこで、ある時期に、インドのスタッフたちを日本に招待し、百貨店の綺麗な売り場などを案内して、「こんな商品をつくらなくては日本では通用しない」という事実を、身を以て感じてもらったこともありました。

日本という国は、商品チェックが世界一厳しい国です。

そこで、実際に日本に来てもらい、「百貨店にはゴミひとつ落ちていないでしょう」

「商品を陳列するにはこのくらいの状態でなければいけません」と、検品のイロハも含めて体で覚えてもらったほうがいいと考えたからです。

そして、その日本への招待を境にして、少しずつの進歩が、やがてめきめきと上達しはじめていったのです。

まさに、「百聞は一見にしかず」です。


また、わたしが最後まであきらめ切れなかったのには理由がありました。

意図した商品に仕上がらずあきらめそうになるわたしに、プラギートがいったこんな言葉がずっと心に刺さっていたからです。

「こんな失敗をする自分たちが恥ずかしい。日本人に受け入れてもらえる商品がつくれるように頑張るから、わたしたちを信じてほしい」

長年プロとして仕事をしてきた大の大人が、「自分たちが恥ずかしい」なんて、なかなか口に出してはいえません。

しかも、ほかの国なら問題もないのに、日本向けの商品基準が厳し過ぎるがゆえに、劣等感を覚えなければならないのは理不尽なことです。

にもかかわらず、自分たちが恥ずかしいという彼は、相当な決心をしていることがわかりました。

彼はずっと欧米相手に仕事をしてきた人であり、立派なビジネスマンです。

それでも、わざわざ苦労を買ってまで頑張ることができる。そんな人にここまでいわせているのだから、「わたしたちも腹をくってできることをやろう」と覚悟を決めたのです。

「なぜできないの？」を捨てると、「できる」が増える

それからは、**「なぜできないの？」という考えは捨てよう**と、日本のスタッフに話しました。

「できないのは仕方ない。文化が違うし、感覚だって違う。インドのスタンダードと日本のスタンダードが違い過ぎるのだから、この差異を埋めていくのはかなりの時間がかかる。だからこそ、『なぜできないの？』と考えるのは無駄だからやめようよ」

そのように自分たちにいい聞かせながら、一つひとつミスを根気よくつぶしていきました。

すると不思議なもので、少しずつ技術が進歩していることに気づくことができるのです。**ほんのちょっとずつだけど、できるようになっている。「あ、できてる！」といった驚きが、だんだん増えていく**ようになりました。

少しずつできるようになっていくと、わたしたちも「あともう少しだ！」と応援する気持ちが増して、一緒に働くのが嬉しくなっていきます。

そんな感謝の気持ちもきちんと伝えるようにして、一つひとつのやり取りと改善の積み重ねで、最初からは想像もできないような素晴らしい商品が、完璧な状態で納品されるようになりました。

まったくゼロの地点からともに成長できたのは、本当にわたしたちの誇りです。

この経験から、わたしはグローバルな仕事であれなんであれ、海外の人と絆を築きあげていくのは、仕事の大きな醍醐味のひとつだと感じるようになりました。

大切なのは、「お互い様」だと知ること

異なる文化の人と協働していくときに大切にすべきは、パートナーと真の信頼関係を築いていく姿勢にあると思います。

これはどんな仕事でも起こりがちですが、よく発注側が「仕事をあげている」という勘違いをすることがあります。でも、そんなスタンスでは絶対にいいものはつくれないし、結果としてどちらも幸せになれません。

大切なのは、「お互い様」だと知ることです。

いつも、現地の人に「つくってもらっている」と考えていれば、できる限りサポートしようと自然に思うことができます。

そして、そんな態度で臨むと、相手もそれに全力で応えようとしてくれる。韓国とインドに深く関わってきて、誰であっても、「仕事でもっとも大切なのは信頼関係を築くことなんだ」と考えるようになりました。

そのためには、**文化の違いであれ考え方の違いであれ、とにかく「相手の失敗を責めない」姿勢が大切**です。わたしが経験したことからいえば、文化もスタンダードも違うのだから、違うものができるのはあたりまえだよねということです。

それをまず認めなければ、相手は「頑張った」と思っているのに、こちらは「いや、失敗でしょう」というずれが起きてしまいます。それでは、一方の価値観を押し付けているに過ぎません。

いや、どんなことでも相手の失敗を責めてはいけないのです。相手をリスペクトするというのは、そんな姿勢のことを指すのではないでしょうか。

相手が一生懸命やったのであれば、きちんと自分との差異を認めて、「いいところはどこだろう？」と探していく姿勢こそが大切です。

他人に投資することで、思いもよらない幸せが舞い込む

こうして苦難の連続を経てわたしたちは一歩ずつ前へと進み、２０１３年から3回にわたりパリの展示会に出品できるまでに商品のクオリティーを上げることができました。

はじめの頃は、「インドでつくりましたがどうでしょうか……？」くらいの地点から、いまでは有名小売店でも百貨店でも、自信を持って「インドの技術は素晴らしいでしょう？」と堂々と提案できるまでになれたのです。

インドのみんなとの出会いから数えると約8年の歳月が流れ、２０１３年にようやく、「MAYGLOBE by Tribaluxe」は日本デビューを果たしました。

「やる」と決断したら、すぐに結果には結びつかなくても、長い時間をかけてなにかを我慢強く育てていく。それこそが真の投資です。インド事業で、わたしはそれまでの仕事人生においてもっとも大きな賭けをしたのだと思います。

「やっぱりやめたほうがよかったのかな」「わたしの判断は間違っていたのかもしれない」と幾度となく悩んでいたときは精神的にも苦しかったのですが「しばらく結果はないものとして、長い目で考えたほうがいいかもしれない」と気持ちを切り替えて、現実に向き合うようにしました。

そうして、やがてインドのつくり手たちが少しずつ成長し、この前までできなかったことが徐々にできるようになっているのが見えてくると、それがささやかな喜びとなり、だんだんと希望が見えてくるようになります。

1年前にできなかったこととといまを比べて急成長しているのがわかると、「あと3年我慢できれば、どのくらいのものがつくれるだろう？」と期待が芽生えはじめ、次第に「将来に賭けてみよう」と思う気になれたのです。

なによりわたしが学んだのは、人が成長するのを見られる素晴らしさです。

これは自分が成長するのとは比べようもないほど、嬉しい気持ちになります。自分のことなら努力した過程がつぶさにわかるので、どちらかといえばなにかを達成した喜びという感じなのでしょう。

でも、自分でない誰か——人の成長というのは、自分はサポートすることしかできません。

うまくいくかどうかが不確定で、**ある意味、投資に似ています。もちろんうまくいかないこともありますが、自分が思ってもいないようなリターンを受け取ることもできる**のです。

ではどういう人に、投資するのか。それは、**お互いの「信頼に応えたい」という熱い気持ちがあるかどうか**。自分にもそうですが、相手からそれを感じられるかどうかをわたしは特に大切にしています。

生まれも育ちもまったく違う人たちと信頼し合って、本当にいいものをつくる。仕事をとおしてそんな喜びに満ちた瞬間を感じられるなんて、わたしにとっては思いもよらない恩恵でした。

この喜びは、まさに快感そのものです。

「プライドは煮ても焼いても食えない」

これまでお互いに支え合ってきた韓国の全さんとインドのプラギートは、不思議なことに、3人とも同世代で独身です。

わたしだけひとつ〝バツ〟がついていますが、みんな三度の飯より仕事が好きなので、「見ている景色」が近いのかもしれません。

また、相手の気持ちの入り方がすごいから、「こっちも負けないように」と頑張って、お互いに高め合い支え合っている感じを受けています。

仕事では一方が腹をくくっていても、もう片方がさほどくくっていなければ、温度差が異なるのでうまく噛み合いません。

そんなことでは、「え、本気じゃなかったの？　わたしは腹をくくっていたのに」となって、自然と離れていくだけでしょう。これは、海を越えても変わることのない人間関係の本質だと感じますし、事実、よく起こることです。

文化や生活環境や習慣が違っても、目指すものや価値観が同じ人たちとひとつのことをクリアできたら、そのときの喜びは、お金を稼ぐといったビジネス上の喜びを軽く超えていくような、ものすごく気持ちがいい経験であり、財産になります。

プラギートは、日本の市場で通用しなかったとき、「自分たちが恥ずかしい」といいました。

そこでプライドを捨てられる彼が、わたしはとても素晴らしいと感じました。

彼には仕事人としての豊富な経験があったので、わたしと仕事をしてうまくいかなければ、プライドが邪魔することもあり得たことです。

でも彼は、自分たちの成長を願える人であり、**相手への思いやりに心を配れる人だったからこそ、あっさりと自分のプライドを捨てて、いま目の前にある課題に集中することができた**のだと思います。

わたしはいつも、「**プライドは煮ても焼いても食えない**」と口癖のようにいっています。

もちろん、プライドがまるっきりゼロだといけないかもしれません。

死守しなければならない信念やこだわりをプライドと呼ぶならば、それは大事なものでしょう。

でも同時に、現実を客観視し、謙虚に自分のことを振り返ることができるバランス感覚がなにより必要です。

自分の「譲れない思い」を持ちながらも、そのほかのことは「別にいいや」くらいの身軽な感情になれたとき、仕事人として大きく成長していくと、たくさんの商売人を見てきて実感しています。

もし、いまあなたが仕事や人間関係で悩んでいることがあるなら、ぜひ自分のプライドの在り処を振り返ってみてはどうでしょうか？

自分でも気づかないうちに、頑張って築いてきたプライドやこだわりが、人間関係の障害になっていることがとても多く見られるからです。

そんな表面的なプライドなんか捨て去ってしまいましょう。

もっと身軽になって仕事をしましょう。

譲ることができない真のプライドだけを持てばいい。あとは素直に、真面目に、そして努力を重ねることができれば、きっと大丈夫です。

「思いのないもの」を買うのはみんな嫌

ありがたいことに、最近では「MAYGLOBE by Tribaluxe」は、欧米をはじめ海外のバイヤーからも「買いたい」と声がかかるようになりました。

これはちょっと手前味噌かもしれませんが、ほかにはない商品だから問い合わせが来るのだと思います。探せば似ているものはあるかもしれませんが、わたしたちのデザインほど手の込んだものはやはり珍しいようです。

また、国や文化に関係なく、みなさん手縫いのぬくもりを感じてもらえているのではないでしょうか。細かい手縫いのビーズや刺繍など、機械では絶対につくれないハンドメイドの風あいが伝わっているようです。

そんなインド発のアクセサリーを、わたしは「思いの込もったアクセサリー」だととらえています。

つくる人たちには、「家計を助けるために一生懸命つくろう」と思いを込めている人もいれば、「得意な刺繍でつくったものを日本という国で誰かが着けるんだ」という思いを持っている人もいます。

もちろん、たくさんの人に「可愛い」「素敵」と感じてもらいたいわたしたちの思いも込もっているし、アクセサリーをとおして、いまインドで起こっていることにも関心を持ってもらえたらという思いもあります。

そしてもちろん、買ってくれた人たちの思いがあります。

最初は、可愛いと思って手に取っただけなのに、着けているうちにどんどん手づくりのよさを感じてくれたり、「インドの女の子のためになると思ったらいいことをした気分になりました」といってくださったりするお客さんもたくさんいます。

そんなたくさんの思いが込もったアクセサリーは、誰かひとりではけっしてつくれないものです。

いまはこれだけ消費生活が行き届いて、安価なものがなんでも簡単に手に入るなかで、思いを込められるものがどんどん少なくなっている気がします。

お客さんと接していると、もう「思いのないもの」を買うのは嫌になっていることもひしひしと感じます。ほんの10年前はファストファッションがもてはやされていたのに、いまはたくさんの人が逆の方向を向きはじめているのです。

ファッション業界に限らず、いま様々な企業が、リユースやリサイクルをはじめ、SDGsなどのキャンペーンをよく展開していますが、一部を除いてそんなことは「表面的なトレンド」に過ぎないと気づいている消費者は少なくありません。

思いのない商品をつくってからなにかをするのではなく、そもそも消費者は「思いのある商品を買いたい」と思っているからです。

思いを込めるというのは、とても時間がかかる営みです。

急にキャンペーンなどにお金をかけても、いまの時代の消費者は簡単には信用なんてしません。そんないい流れができつつあるので、わたしたちは自分たちがひたすら時間をかけてやってきたことをもっと発信し、広めていくことに挑戦しようと考えているところです。

「挑戦しても、ものごとは大きく変わらない」という気持ちを持つ

これは仕事に限らずどんなことにもあてはまりますが、**実際にやってみないから、「悪いことをいろいろ想像してしまう」**ものです。

でも、いざ思いきってやってみれば、自然とものごとの歯車が動き出して、何年もかかったけれど「結果としてうまくいく」ということはよくあります。

いま世の中には、独立や起業をしたいと考える人がたくさんいますが、わたしから見ると少し真面目過ぎるというか、最初の一歩が踏み出せない人が多いようです。そうではなく、いったん一歩踏み出してみて、自分の力で状況を動かしてから、適切な行動を考えていく姿勢が求められているのではないでしょうか。

もちろん、いきなり巨額の借金（負債）を背負うのはいけませんが、自分ができる範囲で、なにごともまずチャレンジしていくのは成功へのひとつの手段です。**使ってしまったお金を回収することをあまり計算し過ぎないのもポイント**です。もちろん自己投資を含めて、投資をするならいずれそれらを回収することは必要ですが、回収に時間がかかってもいいのです。

無理な投資でなければ、しばらくのあいだなら回収を待つこともできるでしょう。最初から「こんなにかかる！」とわかっていたら、なかなか一歩を踏み出しにくくなります。

回収に10年もかかることが最初からわかっている投資には、ちょっと踏み出しにくいのも理解できます。

勉強をはじめスキルアップなどをするにも、**先にあるハードルを見過ぎると、どんどんやる気がくじかれます。**

それよりも「知らぬが仏」の精神で、先に一歩を踏み出してみればいい。そうして「これから回収していこう！」と頑張っていくほうが、新しいことに挑戦しやすくなります。

「なにからはじめたらいいかわからない」

「でも、なにかやりたい」

そんな人もいます。そんなときは、「やれること」からはじめましょう。

最初から特別な才能がある人なんて、ほとんどいません。

わたしも自分に商売の才能があるなんて思ってもいなかったし、「とりあえずやってみる」姿勢のほうを重要視してきました。

韓国やインドへ行ったのも、そのときに「行こう！」と思ったから行ったわけで、将来のことを緻密に考えた結果ではありませんでした。

もっといえば、もしあなたが会社員であれば、自分の「やりたいこと」をはじめたり、たとえ会社を辞めたりしても、生活が劇的に変わるわけではありませんし、世の中はなにごともなかったかのように動き続けるでしょう。

ある程度の蓄えさえあればしばらくのあいだは生活できるし、助けがほしければ誰かと協力すればいいではありませんか。それでもダメなら、スタート地点に戻ればいいだけのこと。あまり難しく考えることはないのです。

なにかにチャレンジしても、生活にさほど大きな変化があるわけではなく、急に雨ざらしの家で暮らすはめになるわけではありません。

当然ながら、いきなり大富豪になるわけでもない。

失敗しても、せいぜい〝貯めていたもの〟がなくなるだけです。

いまの生活からそんなに変わらないのなら、わたしは「やりたいこと」があれば、まずはなんでもやってみるのがいいと思っています。

多くの人は、なにかに挑戦すれば、ものごとが変わると思い込み過ぎているのかもしれません。

でも、繰り返しますが、実際には、すぐにそれほど劇的には変わりません。

すぐに結果が出るわけでもないですし、すぐに、路頭に迷うわけではありません。

だからこそ、結果がすぐに出なくても、焦る必要はまったくないですし、なにをするにも、まず「行動できるかできないか」がとても大きな要素になります。

いまの時点でやれないことに縛られるのではなく、自分の「やれること」からどんどんはじめていけば、どんな人でも新しい景色を見ることができるとわたしは信じています。

大切なのは、どんな場所でも「好き」を見つけること

自分の心に無理をして、「やりたいこと」を探したり、挑戦したりしなくても、いまの仕事のなかに楽しみを見出していくことだってできます。

いまやっている仕事を本当に心から好きな人なんて、実のところ多くありません。でもわたしは、「やりたいこと」をやらなければ仕事が好きになれないとも考えていません。そうではなく、**仕事のなかで「この部分は好き」というふうに探していくから、そんな「好き」が少しずつ積み重なって、やりたいことが増えていく**と考えるのです。

わたしは大学時代、「まったく向いていないな」と感じたアルバイトをしたことがあります。

それは輸入会社の事務の仕事でしたが、簿記の資格を持っていたにもかかわらず、帳簿をつけるのが本当に苦手だったのです。

あまりにミスばかりするので、情けないことに「立花には帳簿を触らせるな」とお達しが出てしまったほどでした。

そのため職場でやることがなくなってしまい、仕方なくまわりにごちゃごちゃと散らかった、誰もやらない段ボール箱の整理をしていました。

でも、これがやってみると意外と大変……。大変だからこそ、みんなが放ったらかしにしていたわけです。「でもこれくらいはやろう」と思って毎日頑張って続けていると、ある日社長がそれを見て、「素晴らしい！」とほめてくれたのです。

そして、その日までは会社でダメなアルバイト扱いでしたが、急に「いてくれて重宝な人」になれたのでした。

そのときわたしは、**「向いていない仕事場にもひとつくらい好きになれることがあるんだな」**と気づくことができました。

また、そんな小さな「好き」を見つけられたことで、みんなに喜ばれ、ほかの仕事も任されるようになり、最後は惜しまれて辞めるまでになれました（結局、帳簿の仕事は最後までまわってきませんでしたが）。

どんなときでも**「好き」を見つけられる力がつくと、どこでも幸せに生きていくことができます。**

これが本当の仕事力であり、生きる強さです。

この力がつくと、仕事だけでなく生活全体に好循環が生まれます。

例えば、**家で仕事の愚痴《ぐち》をいうのではなく、「今日こんなことがあっておもしろかったよ！」と話せば、家族は嬉しくなります**よね？

すると会話も自然と弾むし、「またおもしろい話を仕入れておこう」「帰ったらこれを話してあげよう」と思えて、嫌だった仕事のなかにも少しだけ楽しみが増えていくはずです。

そんなちょっとした楽しみから、仕事への意欲や、アイデアやチャンスも少しずつ生まれてきます。

「好きでもない仕事をしているから」と思っていると、その時間のなかに楽しみを発見しづらくなります。それは、すごくもったいないことではありませんか？

仕事の時間だって、まぎれもなく自分の人生の大切な時間です。

自分を大切にして、少しでも「好き」を見つけていくことが、仕事だけでなく人生そのものを楽しむ姿勢につながると思います。

第2章

やりたいこと、全部やるために

自分の「好き」にはこだわらなくていい

わたしはよく、まわりの人から「好きなことを仕事にしていいですね！」といわれることがあります。

確かに、ファッションにはむかしから興味があり、いまの仕事もとても楽しんで取り組んでいます。でも、それが自分の「好きなこと」なのかというと「うーん……」と、ちょっと首をかしげてうなってしまうところがあるのです。

もちろんファッションのトレンドなどはチェックしますが、毎日欠かさずファッション誌やウェブサイトなどを読んでいるわけでもなければ、服やアクセサリーをたくさん持っているわけでもなく、「むしろ少ないほうじゃないかな？」と思います。

つまり、それほど熱烈に好きなことを仕事にしたわけではなく、実家がパンスト店だったことで、自分が商売をはじめるときにも、自然と雑貨や小物やアクセサリーが選択肢に入ってきたという感じでした。

そうして**実際に仕事をやっていくうちに、「これやりたいな」「あれもやってみたいな」と楽しんできた。ただ、それだけ**なのです。

よく「好きなことだけやって生きる」とか「好きを仕事にする」などと、それがあたかも素晴らしいようにいわれることがあるけれど、わたしは別に、自分の「好き」にはそんなにこだわらなくていいのではないかなと思っています。

むしろ、好きなことを見つけてからなにかをはじめるのではなく、前述したように**「いまやっていることを好きになる」ことに全力を傾けたほうが、人生は楽しくなる**と考えているのです。

もしかしたら、恋愛と似ているかもしれませんね。

一目惚れをして付き合っても、案外うまくいかない場合がある一方で、「まあ、いま相手いないし、別にいいか」と、とりあえず付き合ってみたらどんどん好きになって長く続くこともある。

仕事だって同じです。

「まったく無理！」という感覚でさえなければ、まずはなんでもやってみて、どんどんいいところを探して、自分から好きになっていったほうがきっとうまくいきます。

わがままな人は「やりたいこと」を全部やれない

「やりたいことを全部やりたい」と聞くと、わがままな人という印象を受ける方もいるかもしれません。

ですが、**「やりたいこと」を全部やるためには、できるだけほかの人と一緒に、お互いに助け合いながらやることも大切**です。

かくいうわたしは、むかしはなんでも気合だけで、ひとりでやってしまう人間でした。人に助けを求めるのはなんだか甘えているようで、そんな弱さがとても嫌だったのです。

ですが、心から信頼できるスタッフや仕事のパートナーとともに仕事をするなかで、次第に考えが変わっていきました。

自分ひとりで頑張っていても、それはあくまで自分という枠のなかに収まる範囲の仕事になります。

発想やアイデアの面でも、物理的なリソースの面でも、ひとりの範囲以上にはなかなか広がっていきません。

もちろん、ひとりでコツコツやることが向いている人もいます。

ただ、もしあなたが、「やりたいことを全部やりたい！」と思うなら、時間も体力も限られるなかで、**ほかの人の助けを借りながら、ともに成長できるかたちをつくっていくほうが、絶対的にやれることの幅は広がる**はずです。

逆説的ですが、「やりたいことを全部やる」ためにこそ、自分だけでなく、まわりの人も一緒に幸せにしていく姿勢が問われます。

あたりまえですが、すべての人は「幸せに生きたい」と願っています。

だからこそ、自分の幸せを追求しながら、同時にお互い支え合って仕事をしていく。ときには自分よりも優先して、大切な人をしっかりと支えてあげる。

そうしていると、あなたが「やりたいこと」をやろうとしたときに、まわりの人たちはきっとあなたを応援して支えてくれるはずです。

わがままな人は誰からも応援されず、結局は「やりたいこと」を全部やれないようになっているのです。

「不」を感じたときは、大きなチャンス

わたしにとってお互い助け合うべき身近な存在は、やはり家族とスタッフ、そして信頼できる事業のパートナーたちです。

ちょっと前にも、わたしは会社の社長として、大切なスタッフを守るべき状況に立たされていました。小さな会社を経営していると、そんなトラブルはしょっちゅう起こります。

相手は、かれこれ15年もの長きにわたり取引をしている某大手企業でした。これまでいい関係でお仕事をしていましたが、担当者が替わり、さらに新型コロナウイルス感染症拡大の影響もあって、お互いの業績が厳しくなっていた背景もあります。

ことの発端は、ある商品の企画を依頼され、わたしたちはいつものように全力で企画をつくり、デザイン画と絵型（形状や仕様が正確にわかるように書いたデザイン画）を渡して見積りも提出し、着々と準備を進めていたときのことです。

ある日突然、「企画自体をキャンセルしたい」と伝えられたのです。

おそらく、経費がかかる直前だと考えてストップをかけたのでしょう。

でも、わたしたちのような会社は、企画することが仕事そのものであり、そこにいろいろなコストをかけて取り組んでいるわけです。

そこで「それはちょっとないのではないでしょうか？」と伝えたところ、「わかりました、考え直します」との返事がきた。そうしてしばらくあとに再提示された条件が、さらにこれまでの信頼関係をすべて損なうかのような内容だったのです。

わたしはこのとき、「もう取引を続けられない」と考え、請求書を付けて、社長宛に親展で手紙を書きました。

すると後日、なんと社長が常務を連れて、わたしの会社の小さなオフィスに直々に謝罪にやって来たのです。

これには驚きましたが、そこで思っていたことを伝えさせてもらい、結果的には仕切り直して信頼関係を構築していくという話に収まりました。

おそらくその担当者は、長年にわたり自社と取引がある零細企業が、自ら取引を打ち切るような真似はしないと踏んでいたのでしょう。

確かに、小さな会社にとって、大きな取引先を失うのはかなりの痛手です。でも、お互いに信頼できるパートナーであるからこそ、いい仕事ができる。**相手がどんな立場で、どんなことを感じて仕事をしているのか。それをつねに想像し、事業環境が厳しいときこそお互いを尊重し、いたわり合うことが大切**です。

だからわたしは、彼らのためにもよくないと思い、「こちらから身を引く」と伝えました。

そうしなければ、彼らはいつまでもまわりの人間を幸せにすることがないまま、自分も幸せになれないような仕事を続けていくに違いないからです。
たとえ相手が誰であっても、いったん目に見える「不」を見逃すと、心のどこかに、いつまでも引っかかり続けます。

不和、不幸せ、不正義、不可能……。「不」がつく言葉は、わたしたちの身のまわりにはたくさんあります。

でも逆に勇気を出して、その「不」を取り除けば、状況は、180度変わります。
不和から和が生まれ、不幸せは幸せになり、不正義は正義になります。
だからこそ、**不を感じたときは状況が大きく変わるチャンス**だともいえるのではないでしょうか。

わたしたちのような小さな会社は、どうしても安心感がほしくて、長いものに巻かれがちです。

でも、心のどこかで「不」を感じたときは、自分が正しいと信じることを表明し、勇気を持って行動したほうが絶対にいい。そうするからこそ、お互いにいい仕事が維持できるし、なにより大切なまわりの人たちを守り、幸せにすることができます。

○まわりを幸せにすることと、自分の幸せは比例している

わたしはときどき、「自分はなんのために会社をしているのだろう？」と思うことがあります。

みなさんもそれぞれの立場で、「自分はなぜこの仕事をしているのだろう？」「なぜ働いているのだろう？」と考えることがあるでしょう。

そうした問いには、なかなかはっきりとした答えは出せないものです。

むしろ、「こうだろうか、ああだろうか」と悩みながら働き、人生の道をその都度選択し続けてきた先に、現在のみなさんがあります。

でも、ただひとついえるのは、**「不」がつく状態になろうとして仕事をする人は、世の中にはほとんどいない**という事実です。

ほとんどの人は自分が幸せになるために働き、同時にまわりの人も幸せになればいいと思っているはずです。

みんな誰だって、「不」と「思い」は同じなのです。

だからこそ、「不」を感じたときには、それを認めたり、知らぬふりをしたりしないでください。

いったん「不」を認めてしまうと、これまで幸せを求めて頑張ってきた自分の人生そのものを否定することになりかねません。そして、まわりの人にも「不」が波及していきます。

自分が正しいと思うなら、相手が誰であろうと声を上げましょう。

まわりを幸せにできる人は、やがて自分の幸せも比例するように大きくなっていくと思うのです。

「やめる」ことは失うことではなく、「自由」になること

自分が正しいと信じる道を選んで、結果的に仕事を失ってしまうこともこれまでたくさんありました。忘れられないのは、起業してまだ数年目の頃に、当時売上の7割を占めていた大手企業との取引をこちらからお断りしたことです。

なにがあったのかというと、いまはわたしの片腕でもあるスタッフを、担当者のバイヤーがひたすらいじめていたのです。

当時はまだふたりで会社を切り盛りしていましたが、こんなに小さな会社と大企業が喧嘩をしようとしても、実際のところは喧嘩になんてなり得ません。

しかもその取引先を失うと、会社が大きく傾くかもしれない状況でした。

そこでしばらくは、〝大人の判断〟で我慢していたのですが、スタッフが理不尽なことをされるたびに、わたしは悔しくて、悔しくて仕方ありませんでした。

お金を払う側からの、払われる側への酷い扱いはどの業界にも見られますが、わたしにいわせれば、やってはいけないパワーハラスメント（犯罪）の一種です。

そしてある日、ついに我慢の限界を超えたわたしは、「あの会社に行ってくる」とだけいって、自分の小さなオフィスを出ました。

見送るスタッフは、「なにしに行くんやろ？」と思っていたそうです。

そして、行った先の会社で、出迎えた担当者の上司ふたりに事情を伝えたうえで、「取引を白紙にしましょう」と伝えたのです。

向こうはただただ平謝りでしたが、最後は恐縮してエレベーターまでわたしを見送り、90度のお辞儀をいつまでもしていた姿がいまでも忘れられません。

それを見て、「ああ、この人たちもかわいそうだな」と思いました。

もちろん、部下の管理は上司の重要な仕事であり当然なのですが、経験のない若いバイヤーが陰でやっていたことによって、大の大人ふたりが深々と頭を下げていたからです。

ひるがえって、オフィスに帰ってきてからが大変です。

「ど、どうしたん？　なんであの会社に行ったん？」

「うん、切ってきた」

「えー！　売上の7割やのに!?　俺らどないなる？」

「頑張ろう」

「が、頑張る……？」

「わたしらふたりしかおらへんし、一緒に頑張ろう！」

それでも、世の中は捨てる神あれば拾う神ありで、そこから滑り込みでなんとか参加できた東京の合同展示会がきっかけで、新たなバイヤーと知り合うことができ、それが大きく育って現在でも続いています。

当時は小売のチェーン店に力がついてきた時代で、少しずつ小売店に向けても取引を広げられるようになり、いま思えば変化するいいタイミングだったのです。

こうしたいくつかの体験から、わたしはいつしか、**「なにかをやめることは、けっして失うことではない」「自分が正しい」**と考えるようになりました。

「自分が正しい」と心から信じられれば、勇気を持って大きななにかを捨てても、同じくらいのものが不思議と入ってくるのです。

この現象はロジカルに説明しづらいのですが、なにかを捨てれば、きちんとなにかが入ってくる原理というのは、間違いなく存在するのではないでしょうか。

もし、あのとき取引先にすがっていたら、そこに縛られたままで合同展示会にも出ていなかっただろうし、新しいつながりが生まれることもなく、わたしたちはいまよりもずっとしんどい人生を歩んでいたかもしれません。

自分の大切なことを曲げてしまうと、どんどん自分を見失ってしまいます。

でも、**やめることで、また必ずほかのことができるようになる――**。

もし自分の信じることがあって、そこに迷いがないのであれば、勇気を持ってやめることが大切なときが人生にはあるのです。

根拠のない我慢には意味がない

みなさんのなかには、いま会社や組織のなかで働く人も多いと思います。

最初その会社や組織で働きはじめたときは、自ら希望したわけですから、なにかしらの志や目標や心づもりを持って入社したことでしょう。

でも、やがて働いているうちに、「なにかが違うな？」と感じたり、「これっておかしいんじゃないの？」と納得できなかったりすることが増えてきます。

ただ、現実的には、自分が納得できないことをいつも会社で主張し続けるわけにもいきません。毎日ストレスを溜めずに働いていくためには、会社のなかでの人間関係を、ある程度うまくコントロールしていく必要もあるでしょう。

そこで、そんな**ちょっと我慢が必要な場面では、ぜひ「自分の1年後」にフォーカスしてみてください。**

あなたが「この会社こんなところがおかしいんだよ」と感じたとしても、それ以上に、1年後に自分を成長させるなにかがその場所にあるなら、その会社に所属しながら「会社のやり方」を自分で理解していく姿勢も大切だと考えます。

これは、いわば根拠のある我慢です。

でも、「これは絶対おかしい！」と感じた、その感情をしのぐだけのものがその会社にないのなら、そこで我慢し続ける意味はほとんどないのではないでしょうか。

残念ながら、世の中には本当におかしな会社もあるわけで、そんな会社にずっといながら、根拠のない我慢をし続けることほど危険なことはありません。

恐ろしいことに、本心を抑えている状態で我慢し続けていると、人はその場所だけにしか通用しない常識や考え方に慣れてしまい、やがてそこにいてもなにも感じなくなってしまいます。

「自分はなんのためにこの仕事をするのか」という初心がすべて抜け落ちてしまい、最初の志に思いを馳せる心のスペースがなくなっていくのでしょう。


そうならないためには、自分が信頼できる人を会社のなかにつくっておくという、現実的な対策も必要でしょう。

自分の本当の思いをいつでも話せるような人がいないのは、ひとり丸腰で戦っているようなもの。相談できる人や本音をさらけ出せる人がいなければ、いくら自分が「おかしい！」と感じていても、いつの間にか「会社の考えのほうが正しいのかもしれない……？」と、自分を見失ってしまいます。

もしかしたら、会社のなかでそんな信頼できる存在がいない人が、いまかなり増えているのかもしれません。

これまでは、自分の思いや考えをある程度我慢することは、大人として、社会人として当然だという風潮がありました。

わたしもそのようにいわれてきました。

でも、時代はガラリと変わりました。

これまではわたしたちよりも上の世代の人たちが、会社や社会のなかでやりたいようにやってきた側面もありますが、そんな**特定の人たちが決めた常識やルールに従うことが、もはや美徳でもなんでもない時代**になっています。

また、いまの時代を生きる人たちには、テクノロジーという強い味方もあります。

もちろん、自分が気に入らないことは、なんでもSNSで主張すればいいなどといっているのではありません。

ただ、自分が「正しい」「それはおかしい」と感じることがあり、そう考える客観的な根拠があるのなら、相手が誰であろうと、きちんと自分の意見を主張できる土壌は整いつつあるのです。

根拠のない我慢をしていても、身も心も疲れてしまうだけだし、成長もしない。いまは小さな会社や個人事業主も増えているし、思うことがあるなら、それを具体的なかたち（仕事）に変えていく環境が整いつつある時代になっているのです。

「やりたいこと」が「やるべきこと」にならないように、初心に戻る

わたしはこれまで、仕事に打ち込み必死に走り続ける人生を送ってきたので、過去を振り返る時間も余裕もほとんどありませんでした。

しかし、2019年に発生が報告された新型コロナウイルス感染症によるパンデミックとそれにともなうアパレル不況という事業上の最大のピンチを迎えているなか、皮肉にも時間ができ、これまでのことを立ち返ることが増えました。

「わたしはなんのためにこの仕事をやろうとしていたのだろう」

「なんのために会社を興してスタッフを雇っているのだろう」

「なんでこの事業をやっているのだろう」

そんなことを、行きつ戻りつしながら考えていたのです。

振り返るといっても、「あのときどうして失敗したのだろう?」「なぜあのときあんな判断をしたのか?」などと、悶々《もんもん》と悩むわけではありません。わたしは、「過ぎ去ったことは振り返っても仕方がない」と、さっさと切り替えるタイプです。

そうではなく、自分が仕事や事業をやりはじめた頃の原点に返ることがとても増えたのです。

過去を振り返り、原点に戻ることで、やりたいことが明確になり、また新しい道が見えてきました。

日々の業務に追われていると、やるべきことで、やりたいことがいつの間にか塗りつぶされてしまっていることがあります。

コロナ禍になる前、わたしは、インドでつくったアクセサリーをどうやって広げていくか、もっともっと知ってもらわなくちゃ。そればかりを考えていました。

確かにそれも大切なことですが、そもそもは、心を奪われたインドの伝統的な刺繍技術をつかって、いままでにないものをつくることが目的だったはずです。

そのことを思い出し、アクセサリー以外でも、この技術をつかったなにかをつくれるかもしれないと、いろいろと新しい商品を企画することになったのです。

自分のやってきたことを振り返り、**そもそもなんでこの仕事をはじめたのかという原点に戻ることで、いろいろなことが見えてくるし、また同じようなことができるかもしれないというワクワク感が戻ってくる**はずです。

○一生懸命にやることで、人生の最高のノウハウが手に入る

また、自分の人生を振りかえってつくづく思うのは、一生懸命ってやっぱり大事だなと思うこと。

書店に行くと、「どうすれば楽して儲けられるか」「いかに働かずに不労所得を得られるか」といった内容の書籍がたくさん並んでいる光景を見て、ゾッとすることがあります。

あたかも、それが「いまの時代の賢い働き方」だといわんばかりではないですか。

もしそんなノウハウに心を奪われると、例えば不労所得で10万円も稼げれば、本業は15万円程度でいいという発想になるかもしれません。

すると、仕事に対しても、「15万円程度の取り組み方でいい」というスタンスになるのではないでしょうか。

「そんなの人の自由でしょう？」「楽しく生きられればいいのだから」という人もいると思います。

でも、わたしがなぜ誤解を招きかねない、こんな〝昭和っぽい〟言い方をするのかには確固とした理由があります。

それは**一生懸命に働くという行為は、幸せで豊かな人生を送るうえで欠かせない姿勢**だからです。

自分が本当に「やりたいこと」をして生きていきたいと思うなら、懸命に仕事に打ち込む時期は絶対に必要です。

なぜなら、**なりふり構わず無我夢中で働いている時間は、同時に「自分と真剣に向き合っている時間」**だからです。

自分はどんなことに怒りを感じるのか？　どんなことに喜びを感じるのか？　なにが許せなくて、どのように大切な人たちと幸せを求めていくのか？

そうしたことは、汗水垂らして仕事に向き合うことではじめて実感が生まれるもので、テクノロジーでショートカットできない性質のものだからです。

例えば、インターネットやSNSをはじめ様々なノウハウを駆使し、できるだけ楽をして効率的に稼いだり、資金を移動させて利ざやを取っていたりして、自分のなかに「振り返るもの」はどれだけ残るでしょうか？　ショートカットした自分で、この先何十年も老人になるまで生きていくつもりですか？

そうではなく、一生懸命に働いて「根拠のある我慢」をし続けるからこそ、あなたの未来を輝かせる宝石が、一つひとつかたちづくられていくのです。

そうした経験をしているか、していないかで、のちの人生を幸せに生きられるかどうかの大きな分かれ目になるでしょう。

なにごとも懸命にやり続けなければ、のちに「振り返ることすら」できません。

だからこそ、わたしはもっと多くの若い人たちから、「過去を懐かしんでいるだけだ」という単純な批判ではなく、いまを懸命に生きる姿を感じたいと願っています。

あなたの未来を輝かせる宝石は、あなたが懸命に磨き続けなければ、けっして輝くことはないのです。

「怖がり」は「やりたいことをやる」ための重要な才能のひとつ

「はじめに」でも書きましたが、わたしはいつも全力で仕事に取り組むためか、まわりからはとてもエネルギッシュな人だと思われるようです。ゼロから会社を立ち上げて、何十年もやり続けてきて、おまけにシングルマザーでとなると、どうしても強くて自己肯定感の高いタイプに見えるらしいのです。

でもわたしは、自分のことを、かなりヨワヨワな人間だと見ています。

なにか起こればものごとすべてを悪いようにしかとらないほど、ネガティブな志向性が自分のなかに確実に存在します。

自分でも、「よく経営者なんてやっているな」と感じるほど。そんな自分のことを、わたしは「本当におもしろくない人間だよな」としょっちゅう思っています。

年中商売のことを考えているし、友だちと話をするときでも、感動した映画の話などをするわけでもなく、口を開けば仕事のことばかり話している。

友だちは、「映画なんて誰にでも観られるし、あなたにしか体験できないことをやっているのだからおもしろいよ！」といってくれるものの、自分では「いや、わたしって絶対おもしろくないよね……」とネガティブな感情になってしまいます。

こんなことをつい口にするものだから、正体を知っている人からは、「立花さんは自己評価低過ぎ！」「なぜそんなに悲観的？」とよく指摘されます。

わたしはコンプレックスの塊で、むかしから自分のことをなかなか好きになれませんでした。

自己肯定感が高い人とは、端的にいえば、自分の価値や存在意義を肯定できる人だと思います。自信があって、なんだかいつもキラキラしている感じの人でしょうか。そんな人にわたしも憧れますが、自分はまったくそんな感じではなく、どちらかといえば自己否定ばかりしているシナシナな人間です。

そんなときに、ふと開いた本に「自分を好きになれない人は人に好かれるわけがない」などと書いてあると、ますます「こんな悲観的ではいけない！」と思うのですが、なかなかどうしてこれがうまくいきません。

この年齢になって、**「自分なら絶対できる」**とか**「自分なら大丈夫」と思うのは、わたしには無理**かもしれません。だって、いつだって自分に自信なんて持てなかったし、これまで本当に失敗だらけだったから。

もちろんポジティブ思考は大事なものでしょう。いざというときに大胆な一歩を踏み出しやすくなるし、ふと訪れたチャンスを逃しにくくなります。

でも同時に、仕事でうまくいくためには、悲観的にものごとをとらえる面を突き詰めることも案外大切ではないかと感じるのです。

自分のなかに「怖がり」な部分があると、自分を冷静に見ることができます。

自己肯定感を高めるなんて無理。わたしは低いままでいく

これまでもなにかの選択で迷ったときは、思いつく限り最悪の事態を想定し、たいてい〝本当に最悪ではないほうの道〟を選んできました。

仕事でも、最悪のシチュエーションを想定し、「こうなった場合は取り返しのつかない状況に陥るだろうな」などと、徹底的にネガティブな状況を想定します。

もしそれで失敗しても、最悪の場合さえ想定していれば、「なんとかなる」と、失敗のショックから立ち上がりやすいような気がするのです。

なぜわたしは、そんなにまで悲観的なのか？

それは、基本的に「うまい話はないし、続かない」からです。

逆にいえば、**「自分なんてまだまだだし、いつも失敗ばかりだ」と自己肯定感が低いからこそ、その思いがエネルギーになって、必死に仕事に打ち込んでいる**ようなところがあります。

よくいえば、「自分をよく知っている」のかもしれません。

「こんな自分がそんなにうまくいくわけがない」「調子のいいときほど慎重にならなければダメだ」といつもいつも思ってしまうのです。本当に、自分でもあきれてしまうほどネガティブな性格です。

ただ、そんなネガティブ思考の塊のような面があるから、これまでいろいろやってこられたという側面があることも、また事実です。

いつだって「やりたいこと」はたくさんあるけれど、わたしにできるのは仕事しかないから、「もうこれをやっていくしかない」と覚悟を決めてやり続けているだけなのです。

仕事が本当に好きかどうかなんて、正直なところその境目はよくわかりません。

わたしの経験からひとつはっきりいえるのは、**自己肯定感なんて無理に高めようとしなくてもいい**ということ。

そんな〝性格改変〟のような無理なことをしなくても、誰だって立派な仕事をしていけるし、輝いて生きていけるのではないでしょうか。

むしろ、自分をよく知って、そのままの自分を突き詰めていくほうが、いい結果が生まれるような気がします。

「好きなこと」や「夢」に縛られないで生きる

仕事の選択肢が格段に増えたいまの時代は、自分が「好きなこと」を第一条件として、仕事に求める傾向が強くなったようです。その意味では、とても幸せな時代になりました。

一方、自分が「好きなこと」を思いつくのは、難しくありませんか？　趣味や気晴らしのレベルなら、好きなことはいくらでも思いつくでしょう。でも、「好きなことを仕事にしよう」と当然のように考えることで、むしろ足が止まってしまう可能性もあると感じます。

自分の**「好きなこと」は、そのまま手つかずのかたちで、どこかに用意されているものではありません。**

そうではなく、「やれること」や「やらなければならないこと」に一生懸命に取り組むなかで、おのずと「好きなこと」が見出されていくのだと思います。

いま好きなことが見えなければ、**まずは自分が「やれること」「やらなければならないこと」をがむしゃらに頑張ってみる。そうすれば、自分の道についても少し考えやすくなります。**

若い頃、わたしには「やりたいこと」や「夢」がまったくありませんでした。そして、そんな夢がない自分がとても嫌だったのをよく覚えています。

わたしが夢をうまく描けなかった理由のひとつは、やはり家業――つまり、父と母の商売の印象が強過ぎたことが挙げられます。

わたしが生まれたのは、6畳と4畳半しかないとても小さな家で、そこには商品である靴下やストッキングが入った段ボール箱が、いつも部屋の隅《すみ》にうず高く積まれていました。そして、家にいるときの両親はずっと商売の話をしているか、大声で喧嘩をしているかのどちらかでした。

まわりの大人たちも、いかにも〝昭和の商売人〟といった雰囲気をまとった人ばかり。取引先の営業、銀行員、近所の個性的な店主たちが入れ代わり立ち代わり次々やって来ては、両親と商売の話をしていくのでした。

そんなやり取りを幼い頃からずっと見聞きしながら育ったので、自分だけの夢を描こうにも、まわりの環境のインパクトが強過ぎて、どうにもうまく想像できなかったのです。

それこそ「ケーキ屋さんになりたい」と思ったとしても、そう思った瞬間取り巻く環境に圧倒されて、「なれるわけないやん」と、夢を抑え込んでしまうといえばわかりやすいでしょうか。

○「夢」がないから、体も心も軽くいられる

そんな環境で生まれ育ち、わたしには特に「やりたいこと」もありませんでしたが、商売という慣れ親しんだ世界はいつだってわたしのまわりに存在していました。好きか嫌いかもわからないまま、ただ「商売の基本」だけを、ずっと見聞きして育ったわけです。

それは例えば、値段設定のロジックや考え方。

それは例えば、原価とかかった費用と自分たちの利益との関係。

それは例えば、売り値と仕入れ値との関係性。

日常で見聞きしてきたことのすべてが、いまも記憶に深く刻み込まれています。

そして、その強烈な記憶は、はじめて自分の仕事を考えた20代の頃のわたしに、大きな影響を与えました。

つまりわたしにとっては、見たこともないような夢に思いを馳せるよりも、子どもの頃から見聞きしてきた世界のなかに、自分の「やりたいこと」もあると考えるほうが自然だったわけです。

100円のものを200円で売れば、100円の利益が出ます。利益が出たら、単純に「やった！」と、なんとも嬉しい気持ちになれました。

自分の思考や直感をフル活用して、山を張った仕入れが見事に当たったときの、なんともいえないドキドキする感覚。「このあたりかな？」と釣り糸を垂れたところに大きな魚がいて、手元の釣り竿《ざお》が引っ張られるときの、「ほらやっぱり！」というゾクゾクする感触――。

そんな商売の魅力に、わたしは強く引き込まれていきました。

対象が魚ではなく、たまたま商品（商売）だっただけで、お金を儲けることよりも、とにかくその「当たった！」という感覚に20代のわたしは夢中になったのです。

「自分のやりたいことはやっぱり商売なんだ！」

なにかを目指したわけでもなく、ただ体でそう感じていたのだと思います。

こんな経験から、**わたしは進路を迷っている若い人たちに、いつも「やりたいことや夢なんてなくても別に大丈夫だよ」といっています。**

むしろ、夢がないから体も心も軽くいられる。

自分が本当に「やりたいこと」というのは、頭で考えるよりも、まずいま自分の体で実際に感じる感覚や、実感にこそヒントが示されているものです。

それは探して見つけるというよりも、ただそこにあるものを「感じる」ことです。

「やりたいこと探し」をするのは大いにけっこうですし、若い人に限らず、大人であっても、いまから本当にやりたいことを見つけていくのは、とても素晴らしいことでしょう。

そのとき、子どもの頃の記憶のなかにも、案外、大きな手掛かりが隠されている可能性があるかもしれません。

いずれにせよ、ここで伝えたいのは、それはもう「あなたのなかに準備されている」という事実です。そして、あなたがそれに「気づくだけ」なのを、いまかいまかと待ち構えているかもしれません。

「直感」よりも、「怖がり力」でものごとを選んでいく

いまの時代には、もし自分に「やりたいこと」があるなら、すぐにトライできるツールや環境がたくさん存在しています。情報も簡単に手に入るし、ひとむかし前に比べたら、「やるか、やらないか」だけといっても過言ではありません。

でも、その一歩を踏み込むことがなかなか難しい。

しかもこれだけ情報があふれて、ツールやテクノロジーまで揃っていると、それらを少しずつ試しているだけでは世の中ではまったく目立ちません。

多くの人が同じような条件下にいるので、ほかの人たちと差別化することが大変なのです。

逆にいえば、「ここだ！」と思ったときに大胆な一歩を踏み込めなければ、その他大勢から突き抜けることは難しいでしょう。その意味では、大胆に行動しなければ、なにをするにも難しい時代になっているといえます。

わたしが若い頃は、ちょっと変わったことをやるだけでも、ほかの人より目立つことができました。大胆に行動さえすれば、先行者利益を得やすかった面は間違いなくあります。

かたや、ツールやテクノロジーが揃ったいまの時代は、チャンス自体はむかしに比べて格段に多いと感じます。

貴重な情報を簡単に得られるし、独立・起業するのも簡単です（続けることは難しいのですが）。

こう考えると、**いまもむかしも変わることなく必要なのは、むしろ簡単にいろいろできるいまこそ、やはり「ここぞ」と思ったときに大胆に踏み込める「行動力」**ではないでしょうか。

そうはいっても、行動する勇気を持つのは、とても大変だし、いつが「ここぞ」というときかわからないという人もいるかもしれません。

そんな人こそ、怖がる自分、恐怖を味方にしてみてください。

「ここぞというタイミング」は、直感的な判断のような印象を受けます。ですが、わたしは怖がる自分がいろいろな角度から考えた末にたどり着いた、**直感よりもむしろ「怖がり力」によって「ここぞというタイミング」がもたらされる**ものだとわたしは思います。

○怖がりの大胆な行動が人生を変えていく

わたしにとって人生で最初の大胆な一歩は、商売をはじめてまだ2〜3年の頃に、当時流行っていたローライズのパンツ用のベルトを、一気に1000本も仕入れたときでした。わたしの子どもが、まだ小学校に入学するかしないかの頃です。

やっとの思いで起業資金の200万円を貯め、いま思えば「200万円でいったいなにをしようと考えていたの?」という感じもしますが、当時のわたしは、虎の子の200万円を手に、「よし、これで自分の商売をはじめるぞ!」と一歩を踏み出しました。

それまでは子どもが生まれてしばらくのあいだ、神戸の高架下の家業を切り盛りしながら、オリジナルのTシャツを刷って売ったり、アクセサリーをつくったりして生計を立てていました。

そのときにちょこちょこ売れてはいたので、「やっていることは大きく外れていないんじゃないかな？」という感触はあったのです。

そうして細々と小さなヒット商品を出しながら、なんとか食べていました。

そこからしばらく経ち自分の商売を立ち上げようとしたとき、ローライズのパンツが流行っているにもかかわらず、街にそれに似合うレディースのベルトがないことに気づいたのです。


当時、神戸の高架下には、流行に敏感な若者たちがよく来てくれていて、そんな子たちが探しているものや身に着けているものは、数カ月もすれば必ずまわりで広く流行していく雰囲気がありました。

いわば若者たちが自ら流行をつくっていた面があり、若い女性たちがベルトを探している姿を目にして、「確かに手頃で可愛いベルトってないな」と気づきました。

「つくったら絶対に売れるのに……。よし、わたしがつくろう！」

そうして、わたしは手持ち資金の半分の100万円を投じて、韓国でベルトをつくることにしたのです（資金をすべて使わなかったのは、失敗したときに立ち直れるようにする「怖がり力」のたまものです）。

2カ月ほどして、ベルトがワンルームの事務所へ次々と納品されてきました。大量のベルトが入ったダンボールを積むと、ワンルームでは足の踏み場もありません。

その光景を見たとき、ふと寒気がしたのをよく覚えています。

「こんなにたくさんベルトが来てしまった。売らなければ……。もう売るしかない。どうしよう？　どこに売ったらいいんやろう？」

取引先が仕入れてくれるかどうか定かでないまま、わたしはこうして自分なりの大胆な一歩を踏み出したのです。

その日から、仕入れたベルトを少しでも売るために、知っている問屋やメーカーに電話をかけたり、飛び込みで営業したりする日々がはじまりました。

郵 便 は が き

105-0003

切手を
お貼りください

（受取人）
東京都港区西新橋2-23-1
3東洋海事ビル
（株）アスコム

やりたいこと、全部やりたい。
自分の人生を自分で決めるための方法

読者　係

本書をお買いあげ頂き、誠にありがとうございました。お手数ですが、今後の出版の参考のため各項目にご記入のうえ、弊社までご返送ください。

お名前	男・女	才
ご住所　〒		
Tel	E-mail	
この本の満足度は何％ですか？		％
今後、著者や新刊に関する情報、新企画へのアンケート、セミナーのご案内などを郵送または E-mail にて送付させていただいてもよろしいでしょうか？ □はい　□いいえ		

返送いただいた方の中から**抽選で3名**の方に
図書カード3000円分をプレゼントさせていただきます。

当選の発表はプレゼント商品の発送をもって代えさせていただきます。
※ご記入いただいた個人情報はプレゼントの発送以外に利用することはありません。
※本書へのご意見・ご感想 およびその要旨に関しては、本書の広告などに文面を掲載させていただく場合がございます。

●本書へのご意見・ご感想をお聞かせください。

ご協力ありがとうございました。

果たして、**これが自分の「やりたいこと」なのか、「やれること」なのか、「やらなければならないこと」なのか定かでないまま、とにもかくにも、前に進んだ**のです。

結果的にこのベルトはヒットします。１本３９００円の低価格もあって、またたく間に売れては、仕入れを繰り返し、最終的に数万本も売れた商品になりました。

ただ、自分ひとりですべてをこなしていたので、毎日汗水垂らして、必死に働き続けました。

納期がいつもギリギリなので、月に1回韓国へ飛び、1回につき約４００キロ、大きなパッキン10個ほどの荷物をハンドキャリーで、ひとりで日本に持ち帰りました。

現地でドライバーを雇って、工場から空港まで軽トラックに載せて走らせ、空港でオーバーチャージを10万円以上も払って手続きしました。ベルトコンベアに載せたパッキンはひとつ30～40キロもあるので、わたしの力では持ち上げられません。

そこで毎回大韓航空の職員さんにお世話になりながら、ようやくカート3台に載せてひとりで引っ張り、いつも税関で怪しまれながら輸入手続きをしていました。

そこからやっとの思いで、空港からそれぞれの納品先に向けて出荷します。そんなルーティーンをひたすら続けていました。

こうして自分なりの大胆な一歩を無事に踏み出したものの、いま思えば、ただ直感に従って決断したわけではないと感じます。むしろ、それまでに試行錯誤を重ね、実際の現場での観察もしっかり行ったうえでの大胆な一歩だったと思います。

うまくいった理由を問われて、「直感ですよ」などと答える人がいますが、そんなことは、実際にはほとんどありません。

きっとみんな、裏ではめちゃくちゃ考えているから。

わたしも当時は、店に来た若い人たちの「こんなのがあったらいいのに」「なかなかないんだよね」といった会話の端々をなにひとつ聞き逃さないようにして、五感をフル稼働させていました。

「なにが当たるだろう？」といつも考えながらお客さんの振る舞いを観察し、彼ら彼女らの話をよく聞きながら商売をしていたのです。

なぜなら、失敗することが怖かったから。

大きな失敗を何度もできるほど、当時のわたしには余裕もありませんでした。

あてにならない直感に従って失敗する人は、仕事に限らず本当にたくさんいます。

でも**仕事でうまくいきたければ、もっと「怖がる」ことが大切。**

怖がるからこそ、いろいろな状況を想定して、慎重に足元を固めることができる。

逆に、だからこそ、大胆な一歩も踏み込むことができる。

わたしがいいたいのは、**「怖がりだからこそ、思い切った挑戦ができる」**ということです。

怖がりな人間のほうが、結果的に「やりたいこと」を全部やれるチャンスが増えていくのです。

豊かな環境で生きてきた人は、失うことを恐れやすい

先に書いたように、わたしが生まれ育ったのは、当時の日本の水準でもかなり厳しい部類に入る生活環境でした。そのため自分で商売をはじめた頃のわたしは、「最悪、失敗してもあの生活に戻るだけだ」「約20年も我慢できたのだから、もし全財産がなくなってもあの生活をすればいいだけ」と、よく自分にいい聞かせていたものです。

いまあの生活をしろといわれたらさすがに二の足を踏みますが、20代のわたしはそう思って毎日を生きていました。

仮にわたしが豊かな家庭に生まれて、すべてがきちんと整った生活環境のなかで育っていたとしたら、きっとなにかを失うことの想像がつかなかったでしょう。

生活に必要なものがもともとないことや、それこそお風呂さえない生活の苦しさやみじめさがどんなものか、まったく想像できないと思うのです。

もちろん、生まれ育つ環境は誰にも選ぶことはできません。最低限の生活環境で生まれたことは、わたしはもう仕方ないことだと割り切っています。

当時はそのことを理不尽に感じたものですが、だからといって状況が変わるわけではありませんでした。

でも、大人になってからようやく、そんな環境で生まれ育った自分を、少しほめてあげられるようになった。「案外たくましかったんだ」「なんとか切り抜けたんだ」「よくやったな、わたし」と、自然と思えるようになれたのです。

あの子ども時代のおかげで、もしこれから最悪なことが起きても、「あの生活に戻れば生きていける」と思えます。これって、ひとつの生きるための武器です。

豊かな環境で生きてきた人のなかには、失うことをとても怖れる人がいます。

そして怖れるからこそ、自分の道を大胆に進んでいくことが難しくなる。

でも、**自分なりの「最悪」を身を以て体験していれば、「自分はどう考えて生きていくのか」を、小さい頃から考える習慣ができます。**

だからこそ、自分が行きたい道を大胆に進んでいくこともできるわけです。

もちろん、これは生まれ育った環境だけにいえることではありません。ほとんどの人は、これまで生きてきた人生のなかで、「あれは本当に最悪だった……」という状況を、多かれ少なかれ体験しているのではないでしょうか。

最悪を想像して、気持ちを跳ね上げる

大切なのは、そんな自分の「最悪」な時期を、ただ忘れ去ろうとするのではなく、きちんと自分の武器へと変えていくことです。

そして、苦しいときにその「最悪」のときのことを思い出してみる。すると、「あれを思えばいまのほうがまだマシかな」「あれより下はさすがにないわ」と、気持ちが楽になるでしょう。

深いプールや海を想像してみてください。底についたほうが、底を蹴り上げて一気に浮上できます。**底まで考えるからこそ、気持ちも一気に跳ね上げられる**のです。

わたしが怖がりなのにポジティブだと勘違いされるのは、つねに自分の「最悪」を想定し、そのあとは大胆に行動しているからかもしれません。そこだけを見れば、思ったことをどんどん行動に移すエネルギッシュな人のように見えるのでしょう。

でも、わたしは怖がりで悲観的な性格です。だからこそ、大胆な行動力に結びつけていくことができるのだと思っています。

「最低・最悪！」と思った瞬間こそが、強くなれるチャンスです。

そうして自分で自分を勇気づけられる姿勢が、困難なときを乗り越えていくうえで、あなたの最大の助けとなるでしょう。

○「どれだけ徹底して心配しているか」の差は大きい

ここまで自分のことを、相当な「怖がり」だと断じてきました。

いつも最悪の場合を考えて、失敗したときのことを想定して行動しているのは、むかしから変わらないわたしの性格であり本質です。

でもこれはわたしだけでなく、実は多くの経営者たちも、多かれ少なかれ似たような性質を持っているのだと感じます。

そもそも、「うまい話」なんて続くわけがありません。同じ商売人でも、おいしい話がこれからも続くと勘違いする人ほど、どうしようもなく借金が膨らんだり、窮地《きゅうち》に追い込まれたりしがちです。

たとえいまが順調であっても、「質素に暮らすのがいちばんいい」くらいに思っておく。そして、最悪の場合のシミュレーションを平時からしっかり行っておく。

そうでなければ、わたしのような小さな会社や個人事業主はなかなかやっていけないし、もちろん会社員であっても、いまの不透明な時代にはいつまでも安定した立場は保証されないのではないでしょうか。

失敗したときのシミュレーションをしておくと、「これがダメだったらプランBに変える」と、すぐに次善の策へと踏み出せます。

多かれ少なかれ、人は失敗したときの行動を考えるものですが、そのなかでも少しずつ差がついてくるのは、結局のところ「どれだけ徹底的に心配しているか」の差ではないかなと感じます。

わたしがこれまで20年以上も会社を続けてこられたのは、商売の才能があったからではなく、はっきりいって「無理をしなかった」からです。

つまり、自分の財布の範囲でしか商売をしなかったからだと見ています。

自分が現実に持つお金の範囲のなかで、仕入れて、売って、利益が出たら次はその倍を仕入れて、また売って、をひたすらに繰り返してきました。

これまで借金をしたこともないし、先のサイクルを愚直に続けることで少しずつ扱うお金が大きくなっただけで、借り入れまでして勝負に出たことはありません。

たとえ確実に利益が見込めたとしても手形が条件の商売には、一切手を出さない。

まわりから「絶対に儲かるよ」とどれだけ強くすすめられても、誘惑に乗らず、「わたしは自分の身の丈にあったことをやっていこう」と決めていたのです。

「身の丈」にあったことだからうまくいく

もちろん、借り入れをして勝負し、大きく成功する場合もあります。

わたしのまわりにも、ひとりでまったくゼロの状態から商売をはじめて、売上高を何十億円にも増やした人がいます。

ただ、商売をやる人によくある失敗が、大きい取引（注文）がほしいために、設備投資に無理をしたり、支払条件に無理をして契約をしたりしてしまうことです。よく考えれば、小さい会社に、１回何千万もの発注が何度も入ってくるような状況が、いつまでも続くわけがないのはあきらかなのです。

女手ひとつで守るべき子どももいたので、借金を抱えている場合ではありません。しかも、なによりわたしは「怖がり」な性格です。だからこそ、勝つか負けるかわからない大勝負をせずに、ここまで会社を続けることができたのです。

結局のところ、「身の丈」にあったことが好きなのでしょう。

身の丈にあった生活や、身の丈にあった仕事、そして身の丈にあった考え方・生き方が好きなのです。

「身の丈」というと、夢や野心がないように聞こえるかもしれません。「そんなことでは、いつまでも大きく成長できないのではないか？」という意見も聞こえてきそうです。でも、**自分の「身の丈」にあうことだからうまくいく**のです。

失敗するときは、必ず自分をいくばくか見失っていることがほとんどです。自分を買いかぶり、自分に期待し過ぎているのです。

働く人なら、仕事の締め切りに追われることはよくあること。

でも、もともと厳しいスケジュールならいざ知らず、いつも仕事がギリギリになってしまうのは、「自分なら間に合う」「まだ大丈夫だ」と、自分に期待し過ぎているからにほかなりません。

子どもの夏休みの宿題だってそうでしょう。もちろん、子どもはまだ自分を客観視する能力（脳の働き）が成長していませんから仕方ないのですが、大人ならそうはいっていられません。

仕事の成功も、幸せな生活も、すべては自分をしっかり知ることからはじまります。

だからこそ、自分の「身の丈」を知ることがとても大切だし、そんな態度があなただけにあてはまる、幸せな人生に直結していくと思うのです。

第3章

やりたいことをあきらめない

「過去の分析」よりも、まずは「現状分析」をする

わたしは、「なぜ失敗したのか」と過去を振り返るよりも、「現在の状態がどうなのか」を把握することのほうが大切だと考えています。

転んだらさっさと立ち上がって、パンパンと砂を払い、まず「手足はきちんと動くのか」といまの状況を確認する。そして、いまの状況と与えられている条件のうえで、目指すゴールに向かうには「どうすればいいか」を考える。

もちろん、過去を反省することは、同じ失敗を繰り返さないためには必要なことです。ただし、過去を振り返ってばかりいると、どうしても「ああ、あのときこうしておけばよかった」と、自分の行動を悔やむ気持ちが強くなってしまいます。

また、どれだけ過去を反省しても、その過去にあった状況はいま目の前の状況とはまったく違っていて、そのまま参考にはできないかもしれません。

それよりも目を向けるべきは、「いま」です。

どんなに痛手を負ったとしても、まずは自分の足で一歩でも前へと歩き出すことに全力を尽くすほうが断然いい。その意味で、**わたしがずっとやってきたのは、失敗してもただ黙って立ち上がり、ひたすら前へと足を踏み出し続けたことだけ**でした。

過去を振り返っていては、その足が止まってしまうからです。

あえてあまり振り返らなかったわたしの過去は、先に述べたように高架下のパンスト店からはじまりました。たった1坪の、寒風吹きすさぶ小さな店。小学生のときはクラスの男の子に、「壁にシャッターがついただけの店」だとよくいじめられ、それがすごく嫌でたまりませんでした。

暮らしぶりもとても質素で、「ほかの家と違ってうちの家は大変なんだ……」と幼心に思っていました。

両親は夜の8～9時くらいまで帰ってこないため、小さい頃から、よく家事をしていました。4歳下の妹がいたので、妹のお守りをして、銭湯に連れて行って、ほかの親の見よう見まねで幼い妹の頭を洗いました。

まだ小学1年生なのに、まるで親のように片手で妹の頭を持ってジャバジャバと頭を洗うわけです。その頃から、「わたしがしっかりしないといけないんだ」ということを植え付けられていたと思います。

母はわたしにいつも暴力を振るいました。幼稚園から小学生の頃がいちばん酷く、いま思えば母もストレスが溜まっていたのでしょう。夫はいつも飲んだくれているし、お風呂もない家にずっと住み続けて、お姑さんもいました。

「あんたの顔を見たらヘドが出る」と、親とは思えない言葉を何度も投げかけられました。

わたしは自分に子どもができたとき、あまりに愛しくて、「ヘドが出る」なんて絶対いえなかった。そのことを思うと、「母はよくぞそこまでいったな」とある意味、感心してしまいます。

大人になったいまでは、「母も苦しかったんだろう」とどこかで理解もできますが、当時はそんなことはわかるわけもなく、悔しくて、毎日のように泣きながら家の手伝いをしていました。

ほかの友だちの家がうらやましくて仕方がない毎日。でも、**どれだけうらやんでいても、わたしをめぐる状況は絶対に変わることがありません。**

幼心に、そのことがよく理解できました。

「うらやんでいても仕方がない」「わたしはこの家に生まれたんやからしっかりしなければ」「食べさせてもらっているだけマシなんや」と思って、あかぎれをつくって、家の手伝いをしていたのです。

◯他人をうらやんでも、大切なものは生み出せない

いまは児童虐待のニュースなどもよく耳にし、いわゆる〝毒親〟の存在も取り沙汰されるようになっています。

わたし以上の苦しみを抱えて生きてきた人はたくさんいるでしょうし、過去にいまも強くとらわれて、毎日苦しい思いで過ごしている人もいるはずです。

そんな人たちも含めて、わたしがみなさんに伝えられることは、「苦労でさえも、自分の将来を輝かせるひとつの種になる」ということです。

わたしの場合は、過去のことを立ち止まって考えている時間も、心の余裕もなかったというのが正直なところです。わたし自身は、あのつらかった子ども時代を経て、いったいなにを手に入れたのか？　それは、**「他人をうらやむ気持ちは、自分にとって大切なものをなにひとつ生み出さない」という重要な気づき**でした。

そして、その気づきを得たうえでの、「いまの自分」に集中する生き方です。

他人のことではなく、もっと自分自身に集中する必要があるのです。

あなたが味わった過去の苦しみや、いまとらわれている苦労は、必ずあなたの輝かしい将来のために活かすことができます。だからこそそれを信じて、過去を思い出して立ち止まるのではなく、いまを全力で生きることが大切なのです。

自暴自棄になっても人生は続いていく

わたしはこれまで、自分に与えられた状況をただ嘆《なげ》くよりも、それと向き合いながら、自分が「できること」をしつこいほどやり続けてきました。

理不尽な状況をあきらめて受け入れるのではなく、その状況のなかで「自分はどう考えて生きるのか」を突き詰めるということです。

ひとことでいえば、あきらめが悪い人生ということです。

親であれ誰であれ、他人がなにをしてこようとも、あくまで自分自身に集中する。

これがわたしの処世術のようなものだと思っていますし、おそらくこれからもそうして生きていくでしょう。

そんなわたしのスタンスを、「心が強い」「ストイック」「謙虚過ぎる」と感じる人もいるかもしれません。

実際のところ、大きくなった妹は当時を思い返して、「毎日叩かれていたのにお姉ちゃんよくグレなかったよな」といいました。

でも、わたしはそこまで根性がなかったのです。

グレて道を逸れていくほどの勇気もなければ、強くもなかったのでしょう。

なにか母の気に障ることをして激しく怒られるのは嫌だから、前もって「そんなことはしないようにしよう」と考えていました。

親が酷いからといって、その子どもがみんな道を外すわけではありません。逆に、自分なりに生まれた境遇を受け取めて、自分を強くするほうへと導いていける場合もあります。

それは、もともとわたしが強かったからではなく、何度も話してきたように単に怖がりだったからです。

こんなこともありました。小学校3年生くらいのとき、友だちみんなが親からクリスマスプレゼントをもらっているのが本当にうらやましくて、「わたしもほしいなあ」と母にいってしまいました。

すると母は、「ご飯を食べさせてもらって、雨風がしのげる家に住ませてもらって、学校へも行かせてもらって、これ以上、親からなに取んねん！」と激しく怒鳴ったのです。

「わたしもプレゼントがほしい」といっただけで、まるで親に対して非道なことをしたかのように怒られるわけです。

このときは、さすがに「ご飯が食べられるのも、学校に行けるのも、家に屋根があるのもあたりまえやん」と、自暴自棄になりそうになりました。

もちろん、そんなことを面と向かっていえるわけがありませんが、このときわたしはひとつの決心をしたことをいまでもよく覚えています。

「絶対におねだりしないで生きていく」

いま思うと、きつい体験を経るごとに、わたしのなかで「しっかりしなきゃ」「自分で生きていかなければ」という思いが強くなっていったと感じます。

先に、「根拠のない我慢は意味がない」と書きました。

ただ、家族との関係や生まれ育った環境など、どうしても自分の力で変えられず、逃げられない状況も世の中にはあります。

それはとてもつらく理不尽な状況で、ときに自暴自棄になってしまうのも無理はないものです。

でも、わたしが伝えたいのは、「それでも人生は続く」という事実です。**グレようとも、道を逸れようとも、親のせいで人生を投げ出したとしても、それでも自分の人生を生きていくのは、結局のところ自分しかいない**のです。

豊かで幸せな環境で生まれ育ったとしても、それはきっと同じでしょう。大人になってから、仕事や生活をとおして理不尽なことに打ちのめされるのは、誰しも起こり得ることです。

そんなとき大切になるのは、「これが自分の人生なのだ」と、一歩退いて自分を冷静に観察できる視点です。

いっときの感情にとらわれて、人生をダメにしてしまう人はたくさんいます。でも、**苦しいときほど、「それでも人生は続く」と考えてみてください。**

あなたの人生を歩んでいくのは、幸せにしていくのは、あなたしかいないのです。

人は、すべて「任される」と自由にできない

「絶対におねだりしないで生きていく」と決めたわたしですが、家に自由にできる日銭は置いてありました。いや、正確には、「これで妹と過ごしときなさい」と財布をまるごと渡されていたのです。

だからといって、おやつでも文房具でもほしいものが買えるわけではありません。

また、人はなにかを任されていると、かえって自由にできないものです。

財布をそのまま持たされるのは、ある意味では親にお金の扱い方を信用されているということを意味します。よって、子どもながらに「その信用を裏切ったらいけない」という気持ちを強く持っていたのです。

「好きに使っていい」というのは、なんでも買っていいという意味ではないことが、子どもながらに理解できました。

妹が銭湯の帰りにジュースを飲みたいといっても、「家に麦茶があるやろ」「外でジュースなんか飲んだらあかん」と我慢させていました。

これは、別に子どもだけの話ではなく、**スタッフにも「自由にやってみて」とお願いするよりも、多少なりともお題を与えて制限を設けたほうが自由な発想をする**ことがよくあります。

もうひとつ、わたしには親が苦労していることもわかっていました。

ときどき店に行ったときに目にする値札は、当時2足３００円のパンストです。20足買ってもらってようやく３０００円。当然、粗利はもっと下がります。

そんな小金を積み上げて自分たちの生活が成り立っていることが子どもながらにわかっていたので、任された財布から自分のほしいものがなにも買えなかったのです。

よく「環境が人をつくる」などといわれますが、わたしの場合は、まさに自分が生まれた生活環境によって、お金の感覚も根付いたのだととらえています。

母が財布を任せたのは、優れた教育方針でもなんでもなく、ただ面倒なだけでしたが、そうしたことが、わたしの根っからの商売気質や**「自分の生活は自分で打ち立てるもの」**と考えるベースになったことは疑いようがありません。

そんなわたしも成長するにつれて、幼い頃から目にしてきた商売そのものに興味が出てきて、商業高校にも行くなど、「自分は商売をして生きていくのかもしれない」となんとなく思いはじめるようになりました。

そんなときに、わたしは父を亡くすことになります。

父はふだんとても明るくて、豪快な人でした。

いつも店のレジからガバッとお金を引き抜き、そのままポケットに突っ込んで持ち歩いて、お酒を飲み歩いたり、博打をしたりしてすっからかんになるまで使ってきました。

豊かな暮らしをしようという発想がまったくないわけですが、小売店をしているので日銭はレジにあったのです。

お酒を飲み過ぎましたが、亡くなったあとも父の悪口は聞いたことがないほど、お酒さえ飲まなければいい人でした。世の中にはお酒を飲んで暴れる人もいますが、そんなこともなく、ただ自分の弱い部分をお酒で補うように飲み続けていたのだと思います。

父は、四国の山奥で生まれました。２歳のときに父を亡くし、兄弟が何人もいるなかで食べるものも十分なく、家からとても遠く通うのは難しいであろう中学を卒業して、遠い親戚を頼って神戸で丁稚奉公をはじめたそうです。

知らない人のところに身を預けられて、毎日しんどかったでしょう。

その後、１坪の靴下屋を暖簾分けされますが、壁に屋台が張り付いたような店なので、冬はとても寒く、そのつらさもお酒でごまかしていたのだと思います。結婚してもお酒に溺れ、つらさを紛らわせてくれるのはお酒しかなかったのかもしれません。

とにかく毎日お酒を飲んでばかりで、父が白いご飯を食べている姿を、わたしは一度も見たことがないほどでした。

「誰だって大変」と思うことで、人に優しくなれる

忘れもしない、高校1年生の11月3日、文化の日でした。

前日まで父は仕事へ行っていましたが、その日は具合が悪く、朝から寝込んでいました。

祝日なのでわたしもたまたま家にいたのですが、父がトイレに行ったときに、異様なうなり声とともに吐血しているのを見たのです。

「血、吐いてる！」

ちょっと口のなかを切って、血が出たというレベルではありません。もうガバガバと血の塊を吐き続けていました。

「これはおかしい、これは危ない！」

そう思ったわたしは、すぐに店と救急車に電話をして父を病院へ運びました。すると、すぐに集中治療室に入れられて、昨日までふつうにお酒を飲んでいた父が、もう生死の境を彷徨っているのでした。

その後、なんとか命は取り留めたものの、結局は３カ月後に体が限界に達して45歳で父は亡くなったのです。

若い頃からお酒を飲み過ぎていたため、もう何年ものあいだ、体はずっとギリギリの状態だったのでしょう。

そのために毎日しんどくて、食べる気が起こらないから余計に体力がなくなっていき、それがたたって早く亡くなったのです。

そんなことをわたしが冷静に振り返られるようになったのは、ずっとあとになってからのことです。わたしも人並みに苦労をして、娘も独り立ちして、ようやく一息ついた頃に、ふと両親のことを思い出すようになりました。

大変な思いをしているのは自分だけではなく、思えば父も母もそうだった。

確かに、わたしはあの両親のもとに生まれたことで、つらい出来事をたくさん経験したかもしれない。でも、わたしだけでなく、親たちもまた苦しかったのです。

そう考えられるようになれたことで、わたしは少し人に対して優しくなれた気がします。生きていると、「許せない」と思う人にもたくさん出会います。

それは自分ではコントロールできない、ひとつの巡り合わせです。

そんなとき、**彼ら彼女らもきっと彼ら彼女らなりに大変なのだと考えることで、誰でも少しだけ、他人に優しくなれる**のかもしれません。

他人の夢に便乗してもうまくはいかない

父が亡くなったのち、母は誰かから「父親が亡くなったから、大学にも行かせられないの？」といわれたようで、女の意地なのか、急に「大学へ行け」といいはじめました。

わたしは高校を出たら当然、働くつもりでしたが、急遽《きゅうきょ》、大学に進学したのです。大学では興味があった英語が学べる学科へ進み、無事に就職も内定していました。

しかし卒業を前に、このまま会社に入るのが自分のなかでしっくり行かなくなり、卒業後、内定を辞退してイギリスへ旅に出ました。

そこでのちに結婚し、離婚することにもなる日本人の男性と出会います。

わたしには、特に「夢」というものがありませんでした。「なにになりたい」とか、「どんなことがしたい」と考える前に、子どもの頃から毎日必死に生きていたので、夢を見る余裕がなかったのです。

「夢なんかで食べていけるわけないやん」

そんなことを思うほど、現実の世界で自分なりにきつい状態で生きていました。

でもイギリスで出会った彼は、写真家のロバート・キャパに憧れて夢を追いかけている青年でした。

その彼を見てわたしは、「夢を見るってこういうことか！」と衝撃を受けてしまったのです。

「1枚の写真に感動して人生を変えられるのか。それってすごいな」

いま思えば、現実味のないことに、わたしは深く胸を打たれてしまったのだと思います。でも、夢がまったくなかったわたしには、「やりたいこと」だけを追いかける。

そんな彼の生き方がとても輝いて見えました。

つまり、「やりたいこと」があること自体に、強く惹《ひ》かれたのだと思います。

「わたしはなにも夢がないから、夢がある人の支えになり、自分もその夢を一緒に達成していければいい」と、本気で思い込んでしまったのです。しばらくのちに、その決断は大間違いだったことに気づくわけですが……。

日本に戻ったわたしたちは、すぐに結婚しました。当時23歳で、夫は29歳。でも、彼には想像以上に労働意欲がなかったのです。

「どうして一生懸命に働かないのだろう？」

そう思いながら、わたしは家計を助けるために、「時給で働かせてほしい」と母に頼み込み、実家の仕事を手伝ってなんとか生活していました。

それこそ、生まれ育った家のような狭いアパートを借りての生活です。さすがにお風呂はついていましたが、とても安定した生活環境とはいえません。彼はごく稀に依頼があれば、写真を撮るアルバイトをしていました。

○「夢なんて、無理して持つ必要はなかったんや」

しばらくして、わたしたちに子どもができます。彼は、「子どもができたら仕事を頑張る」と約束したこともあり、子どもをつくることに決めたのです。

これもいま思うと、子どもが生まれたら頑張れるのならいま頑張れるはずであり、またも判断を誤ったということです。

案の定、実際に子どもが生まれる頃には、彼はフリーのカメラマンでやっていく自信をまったくなくしていました。わたしと彼には共通の友だちがいて、その人曰く、「あんな繊細な人はいないよ」というほど彼は気の優しい人でした。そのため、いざ子どもができると、精神的に不安定になってしまったのです。

追い詰められている感じがあきらかだったので、彼が落ち着けるように、わたしたちは彼の田舎に行くことにしました。

1歳にも満たない子どもを抱えて、商売も母に任せて、夫の実家で「お父さんお母さん、よろしくお願いします」と頭を下げました。

実家は鹿児島県の田舎で、彼はそこで働くと約束しました。

でも、実家に帰ると安心したのか、まったく仕事をせず毎日昼まで寝ているような生活を送りはじめます。

わたしはとにかく将来が心配で、「畑仕事をしてでも」と思っているのに、彼は昼まで寝ているだけ。

このときようやく、わたしはこの結婚が間違っていたことに気づいたのです。

わたしはまだ若く、人生をやり直したいと心から思いました。そこで、3カ月ほどした頃に別れを切り出し、子どもを抱えて神戸に帰ります。すると、なんと彼も子どもと別れづらくなって神戸までついて帰ってくるではありませんか。

それでも、半年ほどのちに正式に離婚し、子どもの将来を考え親権はわたしのものとなりました。

わたしと暮らせば、少なくともわたしが一生懸命に働き、わずかな母子手当もついてくるからです。

そう彼を説得して、ようやく娘とふたりになったとき、わたしは27歳になっていました。


働かない夫に嫌気がさしての離婚、いまの言葉でいうシングルマザー。

夢も「やりたいこと」もなく、根を張っていない自分のことをものすごく嫌に感じました。しかも情けないことに、他人の夢に便乗しようとしてこの有様です。

「夢なんて、無理して持つ必要はなかったんや」

これがつらい体験の代償として、わたしが学んだことのひとつでした。

自由に生きていくことと、「自分の財布」の関係性

離婚はできればしたくなかったものの、あのまま暮らしていたら、よくない結果になるのは目に見えていました。

そのため、「とにかく前に進んでいくしかない」と決めたわたしは、パートでもなんでもしながら子どもとふたりで暮らしていこうと考えました。

当時、母子家庭はまだ珍しく、女性ひとりの稼ぎでは生活はかなり困窮《こんきゅう》します。

そうして、あまりに安普請《やすぶしん》の陽の当たらないアパートで暮らそうとしたとき、中学時代の友だちが見るに見かねていいました。

「あんな母親だけど、子どものために頭を下げて実家に戻りなさい。そうしないと、アパートでふたりして死んでしまうで！」

また、いじめの日々がはじまるのかと思ったわたしはとても嫌でしたが、やはり娘のことを考えると、少しでも安心できる物理的な場所が必要でした。

そこで、子どもを連れてボロボロになって実家に戻り、「すみませんでした。少しだけ世話にならせてください」と頭を下げたのですが、案の定、その日からまたいじめられることになります。

でも幸か不幸か、その頃はちょうど日本社会全体で商売の様相が大きく変わっていく時期でした。

国内外から大型小売店が地域に出店をはじめ、大規模小売店舗立地法などが施行されるも、勢いは止まらず、通信販売などもどんどん伸びていました。

商店街がシャッターだらけになっていき、街から魚屋さんやらお豆腐屋さんやらが消えはじめた時期です。

時代が完全に変わり、国内ブランドに頼っていてもどうしようもない状況のなか、母もまたなにをしていいかわからなくなっていたのです。

そこで、もともとファッションに興味があったわたしは、「それなら自分で値段を決められる商売をしなければ」と考え、シンガポールやマレーシアや台湾をはじめ、アジアの可愛くてユニークな衣服や雑貨の仕入れをはじめたのです。

もちろん、現地に業者の知り合いはいないので、ひとりで行って、気になったものをいっぱい担いで帰ってきて、店で売るということを繰り返しました。

まだユニクロのような大型店もなく、海外のおもしろい輸入物が売れる時代でタイミングもよかったと思います。

裏原系のブランドが流行る少し前くらいで、まだファッションにもいろいろなバリエーションがありました。日本でもフリーマーケットが盛んな頃で、若者がユニークでとがった商品を、中古や古着で買っていた時代です。

シンガポールにいる友だちから、「みんな可愛いスパッツをはいているよ」と聞けば、その情報だけでシンガポールに行き、フリーマーケットで100キロも仕入れました。その意味では、時代とわたしの行動力がうまくマッチしたようです。

そうして新しいルートを切り開き、時代に取り残されていた家業を立て直し、なんとか売り上げを立てていたわけですが、母との関係は変わりませんでした。

その頃はまだ母から時給で給料をもらい、娘との生活費に充てていました。

それもあってか、母はけっして御礼をいわず、「店があるから娘と生きていけるんや」「ひとりではなにもできへんくせに」と、口を開けば他人にもわたしの悪口をいい続けました。

それが悔しくて、そのときわたしは、「絶対に自分の財布で生きていけるようになろう！」と思ったのです。

自分の財布というのは、自立して自分の商売に責任を持って自分で管理できるお金を得ることです。

お金というのは、誰かにもらっていると、いつの間にかお金を与えてくれる人に主導権を奪われてしまいます。

その人に悪意はなくても、**自分のものは自分で稼いで手に入れることができなければ、気づかないうちに自分の自由を失いかねません。**「〇〇のおかげ」という精神的なとらわれからも脱しにくくなります。

わたしにとってその相手はまさに母でしたが、人によっては、会社やパートナーでもあるでしょう。

そこで意を決したわたしは、子どもが5歳になったときに、子どもを連れて実家を出て暮らすことにしました。小学生のときに、「絶対におねだりしないで生きていく」と決めてから20年——。

いつの日か「自由に生きてみたい」と思いながら、紆余曲折を経て、ようやく本当の自立への一歩を踏み出したわけです。

「わたしは不幸」という言い訳の呪縛から解放されよう

もうひとつ、1坪のパンスト店の近所にもう一店舗、少し奥行きのある店舗で商売をしていた頃に、わたしの人生を大きく変えてくれた出来事があります。それは、実家の店を本格的にファッション雑貨店に変えていくために奮闘し、ほどなくお隣の韓国にも仕入れに行ったときです。

いまでは考えられませんが、当時韓国は物価がとても安く、仕入れをするには〝お金になる国〟のひとつでした。でも、わたしには流通ルートがまったくなかったので、「とりあえず行ってみよう」と現地へ飛んだわけです。

韓国にはじめた降りたった日の光景は、一生忘れられません。

行ったのは真冬で、その日のソウルはものすごく寒い日でした。でも街に出てみると、極寒の陸橋の上やあたりの道端で、老人たちが路上でものを売っているではありませんか。暖を取りながら、一生懸命に栗を焼いたり、いつ売れるのかもわからない靴下を売ったりしているのです。

「すごい……。わたしの吹きさらしの店よりも、段違いに寒くてきついやん」

そんな場所でもたくましく働く韓国の人の姿を見て、「わたしはなんて甘かったんやろう……」と、心を打たれてしまったのでした。

いまでこそ韓国は日本に追いつこうとして、一部の分野ではすでに追い抜くほど発展していますが、現地に行くと、そこかしこに数十年前の日本の雰囲気を感じさせる場所がまだあります。

ちょっと路地を入れば薄汚れた場所もあるし、野菜を外で洗ってキムチを漬けていたりします。日本ではあまり見かけない光景でした。

若い人には想像しづらいかもしれませんが、当時はすべての分野で遅れているような状態でした。

いまはソウルの街はカフェだらけですが、当時は需要がそもそもなく、小金があればみんなコーヒーではなく屋台でうどんをすすっていました。みんな、生きるのに必死のようでした。

それまでのわたしは、「自分は肉体的にも精神的にもきついところで商売をやっている」と、心のどこかで自負心を持っていたのですが、極寒のソウルの路上で必死に働く人たちを見て、「この人たちには負けるな」と思ったのです。

「もっときちんと仕事をしなければ。甘いことばかり考えてたらあかん」

もしかしたら、人一倍感情移入が激しい性格なのかもしれません。ふつうはそんな光景を見ても、「寒いところで商売しているな」「すごいな」くらいで終わるのかもしれませんが、ついつい自分を投影してしまい、「わたしなんてまだまだだ」「この程度で苦労なんていっていてはダメだ」と感じてしまうのです。

でも、これは確かなことです。

自分では不幸だと思っていても、世の中にはそんな「自分より大変な人は山ほどいる」という事実があるということ。

これは、のちに行くインドでも同じ経験をするわけですが、その事実に目を開くと、自分の苦しい環境を言い訳にしないきっかけとなります。

自分の成長を止めてしまう、「わたしは不幸」「わたしは恵まれていない」という言い訳の呪縛から解放されましょう。

親愛なるパートナー「全さん」との出会い

そうしてひとり降り立ったソウルで、わたしはそのあと仕事のパートナーとして、20年にもわたって付き合うことになる女性と出会うことになります。

ここまで何度か名前を出してきましたが、スプリングで韓国における生産、品質管理、輸出業務などを一手に引き受ける人が全さんです。

当時、東大門の一角にある雑居ビルのなかで、暖を取りながら立っていた若い女性が全さんでした。

わたしはそのとき当然、韓国語がまったくできませんでしたが、店舗の壁に「日本語できます」「ＯＥＭ（他社ブランドの製品を製造すること）なんでもつくります」と書かれた紙が貼ってあるのが目に入り、「こんなものはできますか？」と話しかけてみたのです。

すると彼女は、「わたしはこんなものならつくれます」「頑張ります！」と一生懸命に日本語で話してくれて、いきなり仕事の話ができました。そのひたむきな姿から、とても性格がいい人だと伝わってきます。

しかも商売に関係なく、「日本のファッションを勉強したい」「もっと日本のことが知りたい」と、情熱的に伝えてきたのです。

その姿に感じるところがあったわたしは、帰国後、「彼女のためになるなら」と思い、雑誌の切り抜きなども使って、日本のファッションについて知り得る限りの情報をまとめてファイルにしてコメントを付けて送りました。

彼女はファッションの学校を卒業後、日本を相手にＯＥＭを手掛ける小さな会社に所属していたので、「少しでも役に立つなら」と考えたのです。いわば、彼女のピュアな姿に心を打たれたというわけです。

のちに聞いたところ、彼女は到着した荷物を見て驚き、家族に見せたら「こんな日本人がいる」「こんなのをわざわざつくってくれた！」と大騒ぎになったそうです。そうしてめでたくわたしは、彼女の家族からも「信用できる人」と思ってもらうことができました。

わたしは母のもとを去り独立を考えていたタイミングだったので、思い切って「スプリング」という名の会社をつくり、真っ先に全さんに報告しました。

すると、「じゃあわたしも会社辞めます」というではありませんか。

「スプリング・コリアをつくって、わたしもやります」

「えーっ！　どういうこと？　まあ、名前はなんでもいいけれど……」

そんなわけで、お互いひとり同士で、同時にスプリングがはじまったのでした。

「やりたいこと」はひとりではできない

全さんと一緒に働くようになり、わたしがつくづく感じたのは、**「やりたいことはひとりではできない」**ということです。

それまでのわたしは、なにがあっても、ひとりでなんとか道を切り開いて働いてきました。しかし、時間と体力がある若いうちならいざ知らず、そんなやり方では早晩行き詰まっていたことでしょう。

でも、全さんがひとりいるだけで、つくりたいものを伝えれば、「韓国ですべてハンドリングします」と頼もしくいってくれました。ベルトをつくりたいといえば、どこからかベルトの工場を、缶バッジをつくりたいといえば缶バッジの工場を、帽子といえば帽子の工場を探してきて、しっかりビジネスの話をつけてくれました。

わたしと全さんはベストパートナーでした。お互いのことを「なんとかしてあげたい」と思い合えたことで、面倒な利益が絡む場面でも、商売上の利益を脇において先に助け合える関係をつくることができたのです。

こうしてわたしたちは、「やりたいこと」がどんどんできるようになっていったのです。

仕事がうまくいくかどうかは、「信頼関係」で決まります。そこで、**いまなにかやりたいことがある人や、仕事でうまくいかないと感じている人は、ひとりで頑張ることも必要ですが、本当に信頼し合える人間関係を育むことがより大切**だと思います。

お金や損得勘定ではなく、「気持ち」で一緒にやっていけるパートナーを見つけられるかどうか。それが、仕事における成功を左右するカギです。

全さんがいなければいまのわたしはありません。

そしてスプリングという会社も、いまのかたちになっていなかったでしょう。

○パートナーの信頼を得るには先行投資も必要

仕事においてともに歩んでくれる人を見つけるには、信頼関係を構築するのがもっとも大切ですが、ほかにもいくつかの秘訣があります。

まずひとつめは、**「自分が稼ぐのはあとでいい」という姿勢を持つ**こと。

簡単にいえば、「この人だ」と思える信頼できる人がいるなら、自分よりも先に、その人に小さな〝投資〟をしていく姿勢です。

それこそ、全さんが「スプリング・コリアをつくる」といったとき、わたしはまとまったお金を彼女に渡すことに決めました。

まだ独立したばかりで、自分のオフィスさえ整えていない状態でしたが、商品のことを考えると、整えるべき優先順位は韓国の生産体制なのはあきらかです。

そのため、まずは商品運搬用の大きなバンを中古で購入する資金を送りました。自社の車でハンドリングできれば、生産できる商材は増えるし、長い距離も運べるし、いい商品が上がってくるようになるはずです。

なにより工場から商品を事務所に運ぶためにタクシーを使っていたら、利益がどんどん減るだけです。

また、韓国に新しいオフィスが必要になる頃に、先にまとまった資金を送るようにもしました。オフィスを構えたら人を雇えるし、必要になってからでは遅いと考えたからです。

当時のわたしは自分の車を持っておらず、立派なオフィスも構えていないのに、先に韓国の体制を整えてくれたことに全さんはとても感謝してくれました。

そうして、いつも頑張る彼女が、さらに頑張って仕事をしてくれたのです。

いったん「この人」と信用したら、そこはお互い大人ですから、きちんとお金（投資）を使って気持ちを表すことが大切です。それがまた、ビジネス全体をいい方向へと進ませる原動力になっていくはずです。

「できる可能性を話す人」と付き合う

ふたつめの秘訣は、**つねに「できる可能性を話す人」を見つける**こと。

わたしが仕事において人を見る基準は、「一生懸命さ」や「ひたむきさ」が大前提ですが、同時に重視するのは、どんなことも、まず「できる可能性を探そうとする」姿勢です。

厳しい言い方をすると、仕事ができない人は、すぐに「できない理由」を口にします。みなさんのまわりにも、すぐに「この納期では無理」「人が足りない」「時間がない」などという人がいるのではないでしょうか。

確かに気持ちはわかります。でも、余裕がある仕事のほうが稀なのです。厳しい条件は重々承知で、なんとか頭をひねり、体も使って乗り越えるのが、仕事ができる人です。

「すぐに言い訳する人」は、どうしても仕事での信用度は低くなってしまいます。

全さんをはじめとして、わたしは本当に人に恵まれてきました。できない理由をいって、できることだけを引き出そうとするのではなく、「こうすればできる」「どうすれば力になれる？」といってくれる人たちばかりです。

だからこそ、わたしは会社としてなにをすればいいかを考えることができ、みんなで前へと進んでいくことができます。

あなたがどんな仕事をしていても、「できる可能性を考えられる人」こそが、あなたの心強いパートナーになってくれるはずです。

ときには、とりあえず「できる」で勝負してみる

韓国で生産して最初にヒットした商品が、先に書いたローライズのパンツ用のベルトでした。

このヒットによってスプリングという会社を得意先に広めることができ、自信にもつながったので、わたしにとっては大事な一歩になりました。

この頃から卸売業として、飛び込み営業をしたり、知り得る限りのメーカーや問屋をまわったりする日々が続きました。

若者のトレンドや商況を眺めながら、「当たる」予感があるものは、小さなものでもなんでもつくりました。

リストバンド、ワッチキャップ、リメイクバッグ、ハット、ドッグタグ……。どれも、当時若者だったいま40代くらいの世代には、懐かしく思い出されるアイテムではないでしょうか？

大規模小売店も徐々に現れてきたタイミングですが、ストリートを発信源として、まだまだ若者たちがトレンドを牽引している時代でした。

そんな小さなヒット商品を積み重ね、韓国の生産拠点が本格的に稼働したばかりの頃に、某大手アパレル企業のＯＥＭの話が舞い込んだことがあります。

きっかけは、たまたまスプリングのことを聞きつけたある人に、「韓国でほかにもＯＥＭでつくれませんか？」と聞かれ、わたしはふたつ返事で「なんでもつくれますよ！」と答えたのです。

実は、それまで大手企業が手掛けるような製品はなにひとつつくったことはなかったのですが、勢いだけで「できる」といったわけです。

しかしその後、あれよあれよという間に話が進み、わたしはその人に紹介されるかたちで某大手企業の高層ビルの本社を訪れ、なにもわからないまま商談に臨んでいました。

「こんな商品を考えているのですが、韓国でつくれますでしょうか？」

「なんでもできますよ」

「では、ぜひサンプルと仕様書をお願いできますでしょうか？」

「わかりました……！」

相手は、人に紹介されて、わたしが「とりあえずなんでもつくれる人」だと信頼しており、まさか1坪の小売店上がりの叩き上げで、メーカーの生産背景などろくに知らない人間だとは思ってもいないようでした。

でもここで、「できる」といわなければ、仕事は絶対にもらえません。

「絶対にできるといわなければ」

そう思って「なんでもできます」といったものの、仕様書すら書いたことがない状態なのでした。

しかし、**追い詰められると、人間はある程度のことはできるもの**です。

事務所に帰ってきたわたしは、ひとりで一生懸命ミシンを起動させてサンプルをつくり、知人からひな形を借りて、「とりあえずこんな感じだろうか？」と、見よう見まねで仕様書を書きました。

いま思えば冷や汗ものですが、担当の人が前向きな人だったので、多少のことには目をつぶり、「いいですね、これでやりましょう」と話が進んでいったのです。

「ほんまにやるんや……。どうしよう？　本当につくれるのだろうか？」

わたしはすぐに全さんに事情を話すと、彼女はまた一生懸命ふさわしい工場を探して話をつけてくれ、零細企業にとっては大きな取引がはじまっていったのです。

先に、「できる可能性」のことを考える大切さに触れましたが、こんなことは商売に限らず、仕事や生活のなかでもよく起こり得ることではないでしょうか。

あたりまえですが、「できるかどうかわかりません」といっていたら、仕事は取れないし、成長だってできません。

自信がなくても実績がなくても、「とりあえずできる」といわなければ、なかなか新しい経験はできないのです。

だから、ときには思い切って、「できる」といってみる。

人は「できる」といった人に、機会やチャンスを与えたいと思うものです。これは根性論でもなんでもなく、仕事や人間関係はそんな原理で動いているからです。

自分の枠のなかで完結させようとしていたら、いつまでもその枠の外には行けないし、人生もなかなか変わっていきません。どこかのタイミングで、強がりでもいいから、勇気を出して一歩を踏み込んでいくしかないのです。

わたしの場合も、もしあのとき、「うちはつくったことがないです」なんて答えていたら、うまくスタートダッシュができずに、大きく飛躍できなかっただろうと見ています。

子どもとは、仕事の話をたくさんする

ここまで、わたしとスプリングの歩みをたどりながら、おもに仕事についてのわたしの考え方やとらえ方について書いてきました。

「やりたいこと」をあきらめないために、文字通り奮闘してきたわけですが、わたしは同時に子育てについても、自分でできる限りは「あきらめたくない」と考えて生きてきました。

なにしろ、自分なりにつらい子ども時代を送りましたから、時間がないなかでも、なるべく娘には自分がしてほしかったことを与えてあげようと思っていたのです。

まずわたしはシングルマザーだったので、ひとりで生計を立てる必要があり、働く姿をそのまま娘に見せてきました。

いつも家に帰るのが遅く、それこそ平気で仕事を家に持ち帰り、日曜日や祝日も関係なく働きました。

そんな母の姿を見て、娘は「仕事のことで頭がいっぱいなんだろうな」と冷静に見ていたはずです。けっして悪い意味ではなく、わたしが頑張っている姿を見て、半ばあきらめながらも、自分のできることで応援してくれていたように感じるのです。

親子が一緒にいられるのは、朝の1時間と夜の2時間だけの短い時間でした。その3時間を、わたしはなるべく娘とふたりで濃密な時間になるように心掛けました。

娘といろいろな話をして、わたしの仕事の話もたくさん聞いてもらう。子どもに仕事の話なんてしてもと思うかもしれませんが、学校では知るよしもない大人の話を意外にも興味をもって聞いてくれましたし、**娘がわたしの仕事を理解し、共有したことで、より一層応援してくれるようにもなりました。**

また、どうやったら今日あった仕事を楽しく聞いてもらえるかを考えることで、自分の仕事を振り返るいい機会にもなりました。

もちろん娘にはさびしさもあったはずですが、働く姿を見せながら、家族の時間もきちんと持てるように努力したことで、娘は自然とわたしを応援する気持ちに変わっていってくれたのだと思います。

このときの体験から、わたしは親子の関係は、けっして過ごした時間の量だけでは決まらないと確信しています。

手間をかければ、手間がかかるように子どもは育つ

娘が小学生のとき、こんなことがありました。ある日ランドセルを開けると、1週間前に終わった授業参観の案内が出てきたのです。

「え、授業参観やったの？　終わってる。なんでいわへんかったの？」

そう聞くと、娘はさびしい素振りを見せるでもなくこういったのです。

「お母さん忙しいやろ。授業参観に来ていうたら困るやん。わたしは全然、大丈夫やから」

そんなことをいう姿を見て、わたしは娘が案内をもらったときに、なにもいわせなかった状況をつくったのを申し訳なく思いました。

でも、娘は言葉通り、特別なにも気にかけていないようでした。

「さびしそうにしていなくてよかった」と安堵すると同時に、母親を労《いたわ》ってくれていることが伝わってきた、忘れられない思い出です。

こうして思春期に多少の反抗期はあったものの、娘は素直に、親が働いているからといってわがままをいわない子に育ちました。

一概にはいえませんが、わたしはこの経験から、**親が一生懸命に働き、ともに暮らす姿を見せていれば、子どもは悪い子には育たないと信じています。**

もし家の事情で片親しかいなくて遅くまで仕事をしなければならないなら、なおさらその姿を見せたほうがいいのではないでしょうか。

もちろん疲れ切った姿を見せたり、愚痴をいったりするのではなく、たとえわずかでも、帰ってきたら一緒の時間を過ごすようにする。そして、子どもの話をたっぷり聞いて、自分も仕事の話をする。**手をかけられなくても、子どもはなによりも生き生きと仕事をして、自分に笑顔で接してくれる親であることを望んでいる**のです。

わたしは、「子どもは手間をかけたら、手間をかけたなりに育つ」と考えています。ここでの「手間」は構い過ぎるということですが、手間をかければ、手間がかかるように子どもは育っていくと思うのです。

逆にいうと、手間をあまりかけなくても、家族の時間を毎日少しでもつくり愛情を注ぐことができれば、子どもは手間をかけないなりにしっかり育ちます。手間をかけたからといって、いい子に育つわけではないのです。

○ すべては丁寧で小さな一歩からはじまる

シングルマザーとして働く姿を見せてきて、娘には、「仕事はそれだけ厳しいものだ」という現実もきちんと伝わったと思います。

そして、娘はとても強くなったと感じます。

彼女は工業大学を出たあと、建築現場で指示する仕事に就きました。ヘルメットを被って図面を持ち、軽トラックに機材を積んで運転し、気性の荒い職人たちと一緒に働きました。もちろん夜勤もするし、本当に男並みの仕事をしていました。

会社ではパワハラを受けていじめられ、泣きながら軽トラックを走らせたそうです。それを聞いて、「そんな会社辞めたら？」というと、「このくらいの苦労、お母さんに比べたら軽いもんやろ。だから、辞めへん」と、ぴしゃりといい返されました。

少々の傷を受けても、簡単に折れずに頑張ることが大切だなどと娘に伝えたことはありません。それでも、仕事に対する真摯な態度を受け継いでくれて、ちょっとのことではへこたれない人間に育ちました。

これらはひとつの結果論です。

ただ、いま仕事と家庭を両立させるのに苦労する人が、わたしのまわりにもたくさんいます。

仕事とプライベートの切り分けが難しくなり、大切なパートナーや家族とのコミュニケーションが乱れがちになっているようです。

もしかしたら、いま自分が「楽しい」と思えない仕事をしている人も多いのかもしれません。

だから、あえて仕事をプライベートに持ち込まない。いや、持ち込みたくない。それはそれでメリハリがつくかもしれませんが、一歩間違えると、ストレスをひとりで溜め込んでしまう場合もあるのではないでしょうか？

会社へ行って、あまり好きでもない仕事をして、それなりに疲れて帰ってくる毎日。仕事を通じて心から刺激を受けたり、楽しんだり、悩んだりすることもなく、食べていくためだけに働いている気分になるときもあるかもしれません。

パートナーや子どもたちを含めて家族に、わざわざ仕事について語る必要性を見出せないかもしれません。

でも、わたしは思うのですが、仮に8時間会社で仕事をしたとして、その間ずっと嫌な気持ちですか？

例えば、たまたま電話がかかってきた人と話したらおもしろかったり、できなかったことが今日できるようになっていたり、**どんなに小さくても1日ひとつくらいは、大切な人に語れることはありませんか？**

まずはそれをきちんと見つけていくことで、目の前の仕事が少しずつ変わっていくはずです。

仕事に丁寧に向き合って、それを大切な人たちに共有していく。意見をもらったり、自分で考えたりする。

そんなことから、あなたの仕事の質がひとつずつ変わっていきます。

本当にやりたい仕事を見つけることも、仕事と家庭の両立も、そんな丁寧で小さな一歩からはじまるのです。

できることだけやればいい。
わたしの「子育て三種の神器」

ここで、わたしが働きながら子育てを両立していたときに、心掛けていた3つの秘訣を紹介します。名づけて、「子育て三種の神器」です。

わたしはどれだけ仕事が忙しいときでも、体調があまりすぐれなくても、この3つは毎日欠かさないようにしていました。

1　手づくりのご飯
2　添い寝
3　一緒にお風呂に入る

もちろん、人それぞれ状況が許す範囲で、できる限りで構いません。少なくとも、「この3つはなるべくやってあげよう」と思っているだけでも、結果は確実に変わってきます。

見ればわかるように、この3つはどれも、子どもが親の愛情を強く感じられる行為です。例えば、どれだけ忙しくても母親がご飯を手づくりしてくれたなら、子どもは「愛されているんだな」と、心のどこかで感じるものです。

逆に、忙しいからといって、毎日出来合いのものや冷凍食品ばかりなら、子どもは「手を抜いている」と思ってしまいます。出来合いや冷凍食品自体がダメなのではなく、残念ながら、子どもには大人の事情なんて関係ないからです。

小さいときなら、忙しくても一緒にお風呂に入ったり、添い寝したりするのも同じです。ささやかなことですが、**子どもにとっては、やはり自分から確かめなくても愛を感じられることが大切**なので、わたしは外さないように心掛けていました。

特に、朝「おはよう」と起きたときに、お味噌汁のいい匂いで目覚めるのは、お互いにとても気持ちがいいものです。

わたし自身は、子どもの頃に、お味噌汁や朝ごはんの匂いで目覚めたことがなく、してもらえることに憧れがあったため、余計に頑張って朝ごはんをつくっていたのかもしれません。

繰り返しになりますが、**できる範囲でいい**のです。

「お母さんはいつも仕事でいなかったけれど、朝起きたときはいつも朝ごはんの匂いで目が覚めたな」と子どもの心に残ると、それはやっぱり嬉しいですよね。

「忙しいはずなのにいつも手づくりだったな」

「夏は食べやすい冷やしそうめんにしてくれたな」

子どもの心には、そんなちょっとしたことがいつまでも残ります。

「いつもあなたのことを思っているよ」

そういう愛情が少しでも伝わっていけば、子どもは少々放ったらかしにしても、手間をかけなくても立派に育っていくはずです。

自分の娘を見て、わたしはそう思っています。

もっと助けを求めて、「やりたいこと」をあきらめない

このように仕事も子育ても、わたしは自分の力のある限りで実行してきました。

よく誤解されるのですが、あらためて伝えたいのは、わたしはけっして強い人間ではないということです。どちらかといえば、もう心がバキバキに折れているのに、折れたまま、平気なふりをして進んできただけなのが正直なところ。

ただただ、強がりな人生を送ってきただけだと自分では思っています。

顔はいつもにこやかだけど、水中では足を激しくバタバタさせているような、まるでシンクロナイズドスイミング（アーティスティックスイミング）のような人生――。

努力する姿をまわりの人に見せたくなくて、「いつの間にかできていましたよ」という雰囲気を、まわりに見せたかったところもあったかもしれません。

でも、それって実はとってもダサいですよね？

だって、**自分のことを才能もなにもない人間だと思っていながら、まわりには天才ぶった振る舞いをしている**わけですから。

もっというと、恥ずかしながら、心の底では「わたしって天才？」って思いたかったのかもしれません。

まるで自分がとてもできる人であるかのように振る舞いたい。どんなことも、余裕でこなしている自分をアピールしたい。厳しい境遇にも負けない自分。

似たような思いが、あなたのなかにもありませんか？

わたしはある時期まで、ずっとそんなイメージにとらわれていたのです。

でも、そんな強がりな生き方は、「昭和」から2回も年号が変わったなかで、カッコよくもなければ、逆に損までする時代になったのだと、最近よく思うようになりました。

いまはむしろ、「自分はこう思っている」「いまこんなにピンチなんだ」と本音をさらけ出せば、それに共感してくれる人や助けてくれる人が集まってくれる時代です。

また、パンデミックに象徴されるように、世の中は先がかなり見通しにくくなり、仕事はもちろんのこと、社会や世界にまつわる問題もどんどん複雑化しています。

そんななかでは、**ひとりであくせくするのではなく、「これがやりたい」「こんなことに困っている」と、本音をどんどんさらけ出していったほうがいい**のではないかなと思うのです。

わたしはある時期までひとりで生きてきたつもりでしたが、実はたったひとりでは絶対に生きてはこられなかったのはあきらかです。

だから、あなたも一生懸命に頑張りながらも、もっともっとまわりの人に助けを求めてください。

そして、もっともっと助けを求めて、「やりたいこと」をあきらめないでください。

第4章

いま、ここから はじめよう

世界と自分がつながっていることに目を向ける

わたしは長年にわたり、インドでビジネスをしてきましたが、インドをはじめ中進国、後進国の問題は複雑なものです。

例えば環境汚染のために、幼い子どもが下痢やマラリアや肺炎などで死んでいく現実がありますが、当然ながらこれはトイレの垂れ流しだけが原因ではありません。

強い化学物質を使って農工業を行うことも大きな原因であり、背景には、安いコストで製品をつくる先進国の需要に応じた要請があります。短時間で大量の製品を生産するために、大量の化学物質や遺伝子組み換え作物・種子などを使用し、そのしわ寄せは現地の人の健康被害や環境汚染などとして現れます。

その意味では、先進国（原料や製品をつくらせている国）に住み、安価な輸入品を享受しているすべての人が、そうした行為に加担しているといえるのかもしれません。

たとえ、意識していようと、意識していまいと——。

なぜ意識できないのかといえば、**ふだんの日常生活を送るなかで、わたしたちにはその現実が「目に見えない」から**です。

日本で暮らして安いものや便利なものを使っているその裏で、苦しむ人がいるかもしれないという問題意識を持たなければわかりません。

しかも、世の中にはたとえ知ったとしても、気にしない人もいます。

「自分さえいい生活ができればいい」「そのためには途上国の人が苦しんでも仕方がない」という人は、世の中に一定数いるのです。

わたしはそんな人たちは、正直なところ放っておこうと思っています。他人の考えや価値観を変えるのは至難の技だからです。

もちろん、そうした価値観の〝変革〟に身を投じている人たちの努力は素晴らしいと思いますが、**わたし自身は、目の前で起こっている理不尽な現実を、ひとつずつ実際的に変えていくことを好みます。**

そして、そんな事実を伝えることで、「わたしも意識を変えなきゃな」と感じてくれる人を、自分の仕事や商品を通じて少しでも増やしたいと考えています。

「知らないだけ」という人もたくさんいるでしょう。忙しい毎日のなかでは、自分の生活で精一杯で、遠くにいる他者の苦しみに主体的に関わるのは、よほど関心がなければ難しいかもしれません。だからこそ、なんとなく知らないで済ませてしまう。

でもわたしたちは、新型コロナウイルス感染症のパンデミックであきらかなように、すべてがつながった世界に住んでいます。

かけ離れた場所で発生したウイルスが、日常生活を根本的に変えてしまう事実。未知のウイルスは気候変動や環境破壊が遠因で発生したとする説もあり、それら気候変動や環境破壊は、わたしたち先進国の住人の生活を豊かにするために生じています。

あたりまえに享受している日常が、世界のどこかで起きた変化によって大きく左右される現実を前に、**わたしたちはもっと世界と自分がつながっていることに目を向ける必要がある**のでしょう。いま世界中で生じている問題は、わたしたちへの警鐘であるとともに、それらをいい方向へと変えていく貴重な機会になると思います。

新たな体験は、夢や希望を持つことにつながる

わたし自身のミッションは、やはり素敵な商品をつくって、生産国の現地の人に「仕事がある状態」をつくることだと考えています。

インドの田舎で生まれた女性の多くは、ごく若いときに結婚させられて、子どもをたくさん生み、ひたすら子育てと家事をするだけの人生を歩みます。

それが何百年も続く、文化と宗教と慣習などが絡んでできあがった世界なのです。

でも、そんな彼女たちが、たとえいっときでも自分の手でお金を稼ぎ、自分のものを買えることは大きな喜びになります。

ほんの数年でもそんな体験をすれば、やがて「わたしはこんなことができる」「都会に出て働けるかもしれない」と、夢や希望を持つこともできるかもしれません。


スプリングでは、「エンパワーメント」という言葉を掲げて取り組んでいますが、目指す地点は、「女性が生きる希望を持てるようになる」ことです。


結婚式のときにはじめて顔を見る相手と結婚させられ、そのあとは毎年子どもを生み続けるために生きる人生。栄養不良の体で出産し、そのまま子どもが亡くなってしまうケースも珍しくありません。

わたしが関わる村ではありませんが、生まれる子どもが女の子だとわかると、多くの妊婦が「中絶したい」というそうです。

なぜなら、女性は育てる値打ちがないからだとか。そんなことが平気でまかり通る世界が、現実に存在しているのです。

ただ、わたしが関わる村の女性たちは、働いているいまが幸せだと感じてくれているようで、村に行けばいつも「ありがとう」といってくれます。

それを聞くと、「もっと発注を増やして女の子たちの生きがいをつくらなければ」と思うのです。

世界中のつらい思いをしている女性について知るほど、すべての問題が気になりますが、自分が関わる部分だけでも女性の生きる環境を整えていこうと考えています。

○まわりの人の可能性を引き上げることで、自分も変われる

村の女性たちを対象に、テーマごとの「スモールレッスン」もはじめました。これは仕事場所を活用して、いわば学校のような機能を持たせるイメージの活動です。

インドでも義務教育はありますが、親の考え方や家庭環境によって学校へ行けない子どもがたくさんいます。

家事や仕事をしてほしいから、親が学校へ通わせないわけです。

そこで、はじめはミシンの使い方など、技が身につきやすいレッスンからはじめています。そしてゆくゆくは、女性特有の病気にならないための知識や、避妊などについてもレッスンしようと話しています。


女性であるというだけで無理に毎年出産させられるのは、避妊や「もう子どもはいらない！」と意思表示することへの高いハードルがあるからです。

そんな部分のレッスンをしていけば、これまでとは違う考え方を持てるようになるかもしれません。

村の長老や男性からは「余計なことをするな」と怒られるかもしれませんが、そんな活動も様子を見ながらやってみようと考えているところです。

さらには、村の年配者全員に対して、無料のメディカルチェックもはじめています。例えば村には目の病気になる人が多く、それは不衛生な手で目を触ったり、皮膚の傷から菌（カビなど）が侵入したりして感染する場合もあるようです。そこで、医師と移動設備を手配して診断を行っているのです。

すべて草の根レベルの活動ですが、村人たちからは好評で、あるおばあちゃんには、「やめないで頑張って続けてね！」と目を見つめ、手を握られていわれたこともありました。

前述した**「エンパワーメント」とは、女性たちに、「いま目の前の世界だけがすべてではない」と知ってもらうことでもある**ととらえています。

インドの田舎では、伝統や慣習、宗教の影響があまりに強過ぎて、きちんとレッスンしていかない限り、女性が自発的に自分の体と尊厳を守るようになることは難しいと感じます。

でも小さなことも続けていけば、いつの日かそこから抜け出ていく女性が現れるかもしれないし、共感する人が増えていけば、変革の芽になるかもしれません。

自分の目に映ったものを、ただ「見えた」だけで終わらせずに、まわりの人たちの可能性を少しでも引き上げていく。そんなことから世界は少しずつよくなっていくし、自分たちもいい方向へと変化していけるのだと思うのです。

SDGsって、見えたものを「自分ごと」化すること

近年、SDGsが、企業をはじめ様々な場所で取り組まれるようになりましたが、わたしはこれまで、SDGsを意識して行動してきたわけではありませんでした。

むしろ自分の性格的な部分が大きく、どんなことにもすぐに情が入ってしまう性格ゆえのことだととらえています。女性のための「エンパワーメント」に関する取り組みも、シングルマザーゆえの思いや経験からきていると思われることがありますが、これもあまり重なってはいません。

そうではなく、単純に苦労している人を見ると見過ごせない性格なのです。

若いときは、自分なりに苦労して生きてきたと自覚していて、「わたしみたいな生育環境って日本ではあまりないんじゃないの?」と思っていたときもあります。

でも、韓国の寒空の下で働く人たちをたくさん見て、インドでも過酷な生活を送る人たちがたくさんいることを知りました。

そして性格的な要素と相まって、彼ら彼女らのことを、まるでひとごとではなく「自分ごと」のように感じているのです。

ＳＤＧｓでは17の目標が掲げられていますが、ＳＤＧｓが広く謳《うた》われる前からわたしが取り組んできたことのなかにも、いくつかあてはまるものがあるようです。

例えば、「2．飢餓《きが》をゼロに」「3．すべての人に健康と福祉を」「5．ジェンダー平等を実現しよう」「6．安全な水とトイレを世界中に」「8．働きがいも経済成長も」などでしょうか。

なにがいいたいのかというと、**ＳＤＧｓというのは自社のアピールになるから取り組むのではなく、そこで指摘される一つひとつの問題を「自分ごと」にする姿勢である**ということです。

地球上に住む人間はみんなひとつだととらえて取り組む精神だと思うのです。

さらに、17番目には「パートナーシップで目標を達成しよう」とありますが、そのパートナーシップに国境は関係なく、お互いにそれぞれの目標を達成しながら、国や住む地域、身分などによる不平等をなくしていくことがとても大切です。

先に書いたように、わたしが微力ながら関わるインドでの環境汚染や労働環境なども、わたしたち先進国の人間が「安いもの」や「豪奢《ごうしゃ》な生活」を貪欲に求めなければ、もしかしたらもっとマシだったのかもしれません。これはもちろん、わたし自身も深く省みる必要があることです。

そうしたことをみんなが「自分ごと」として認識して、「ならばどうすればいいのだろう？」と考える姿勢がいま問われているのだと思います。

ただ安いことはみんなの幸せにはならない

多くの人にとっては、いざ「社会貢献をしよう」と考えると、ものごとが急に難しくなる面もあります。

わたしもこれまでボランティアなどはしたことがないし、国際機関やNGOなどの組織に関わったこともありませんでした。

社会貢献といっても、いったいなにをどうすればいいのかわからず、自分から遠いものになりがちです。

ただ、わたしたちはものを買わない日はありません。生活するとはなんらかのものを消費するということであり、その消費するものは誰かがつくっているものです。

そのように考えると、例えば**「ものを選ぶ基準を変える」ことからも、わたしたちは社会にいいかたちで関わることができる**のではないでしょうか。

なにかの不買運動をするとか、そんな極端なことをいっているのではありません。そうではなく、ただものを買うときに、自分の感覚として「これ安いな……」と感じたら、ちょっと疑問を持つ意識が大切だということです。

すると、そのものをつくる陰で苦しんでいる人を少しでも減らすことにつながるし、誰も苦しまないでつくられた商品を積極的に選ぶようになるかもしれません。

もちろん、ずっと続けるのはおのおのの懐事情が違うため難しいところですが、なにもしないよりはましではないでしょうか。

そんなことを一人ひとりが実践していけば、消費者の動向に左右される企業は考えを変えはじめます。みんなが少しでも**「ただ安いことはみんなの幸せにはならない」**と考えれば、企業は多少高くても、消費者が納得できるものをつくろうとします。

経済活動の川下にいる消費者が、ものを買うときの基準をあらためて考えること自体が、そのまま社会貢献につながっていくのです。

○ものを買うときに少しだけ考える習慣を持つ

新型コロナウイルス感染症によって、わたしたちはものを考えるいろいろな機会を与えられました。おしゃれをして出かけたり、外食や旅行などをしたりする機会も減って、逆に考える時間がたっぷり増えました。

ならば、これをいい機会にして、自分の生活を深堀りして見直していくのが、いちばん身近にできる社会貢献になり得ます。

そのひとつの入り口が、**ものを買うときに少しだけ考える習慣を持つ**ことです。

もし自分が好きなファッションが気になったら、そのブランドを掘り下げて調べたらいいし、環境や人に対して正しいことに取り組む企業の商品を、意識的に選んでもいいでしょう。

もちろんいまは、社会貢献を表面的なトレンドとして取り入れる企業が多いので、そんな裏事情を見抜く目も養ってほしいと思います。なによりも、自分たちの考え方が変われば、ものごとは変わっていくことを知ってほしい。


毎日、仕事や生活に忙しくて、自分や家族のことで頭がいっぱいという人もいるでしょう。わたしもそうやって生きてきましたから、自分たちの生活だけに目が行きがちな気持ちはよくわかります。

一方で、新型コロナウイルス感染症にしても、世界のどこかで発生したウイルスがこんなに急速に世界中に広がり、自分の健康や勤める会社の業績を危うくし、多くの人が自分の家族さえも守り切れなくなった現実があります。

いまわたしたちが生きている世界は、すべてが自分につながっている世界です。

だからこそ、わたしは自分のことを真面目に考えれば考えるほど、つまり自分が真剣な態度で生きれば生きるほど、世界のどこかで自分たちの生活を支えている見えない第三者の存在にも、きっと気づくはずだと考えています。

世界とつながっているからこそ、信頼関係が構築できる

これからもスプリングは、様々なアイテムをつくっていきます。

アクセサリーに限定すると、どうしてもおもに女性かつファッションに興味がある人に限られてしまうので、もう少し広いマーケットで、インドの技術を活かした「思いの込もった」商品を楽しんでもらえるように開発をしているところです。

例えば、インドの伝統的な刺繍でつくったバブーシュなどがあっても素敵じゃないですか？　家のなかで豊かな時間を過ごせるし、もちろん男性サイズもつくれるし、気軽でおしゃれなプレゼントにもなります。

プレゼントを通じて、より広くインドの現実を知ってもらうこともできます。

インドの技術を生活空間のなかにあるいろいろな商品に落とし込みながら、世界中に販路を広げていく。そんなことに取り組んでいたら、5年や10年はあっという間に過ぎ去るでしょう。

どんなものも、丁寧につくろうと思えば必ず時間がかかるので、そこは悩ましいところです。

わたしのあとに、次世代の人たちがスプリングを受け継いでいくかどうかは、そのときにならなければわかりません。

将来の商売をめぐる情勢もわからないし、レールがとても敷《し》きづらい世の中です。だから、次になにをしていけばいいかは次世代の人が考えればいい。もし誰も引き継がなければ、スプリングはそこで使命を終えます。

それでも、**これからの時代を生きていく人には、「世界はつながっている」という意識だけは特に大事にしてほしい**と思っています。

わたしたちは気づかないうちに、地球の裏側にいる人たちともなんらかのかたちでつながっています。

だからこそ、世界中の人たちとも信頼関係も構築できるはずで、この小さな日本という国だけで課題解決することにとらわれず、海外から取り入れられるものはどんどん取り入れてほしいのです。

考え方の壁が変化をはばむ

わたしは、人間は時代の流れには抗《あらが》えないと見ています。

一度でも大きな流れができれば、古きよき時代を懐かしんだとしても、もう元には戻れないのです。

今後いろいろな変化が予想されますが、例えば重大な変化のひとつは少子高齢化です。実際に子どもを育てにくい社会になっているし、将来が見えずに多くの人が不安にとらわれています。

労働人口を考えても、もっと海外からの移民に頼らざるを得なくなります。

にもかかわらず、日本は移民を受け入れない政策をとっています（※国籍取得を前提とした「移民」と、前提としていない「外国人労働者」で区別している）。

でも、恒常《こうじょう》的に労働力が足りないのなら、（そして持続的に成長したいのなら）海外から来てもらうしかないのだし、そのためには外国人が暮らしやすくなるような制度設計が必要です。

海外からもっと人が来れば、ダイバーシティ（多様性）も生まれて、日本は新しいステップへと進めるでしょう。

ですが、なぜか「外国人が来ると治安が悪くなる」と、根拠のないことをいう人もたくさんいます。

いまの日本では、家のなかや隣の家で誰かが死んでいるのにも気づけないような異常なケースも増えているのに、それでよく「治安が悪くなる」なんていえると思いませんか？

変化を阻むものは、たいてい「考え方」の壁に過ぎません。

本来、もっと自由に柔軟に、オープンに考えればいろいろな可能性があるはずなのに、「いままでやったことがないから」「うまくいくとは限らない」といったマインドが変化を邪魔するのは、とてももったいないことです。

わたしもいろいろな制約から、「やりたいこと」を全部やってきたわけではありません。でも、「これいいかも！」と思ったら、それを「やらない」選択肢はありませんでした。

なぜなら理由はシンプルで、やってみなければわからないからです。

まわりに相談しても、**結局のところ、「やるか、やらないか」は自分で決めるしかないし、やってみるからこそ、人ははじめてなにかを学べる**のです。

なにかを「やらない」選択をしてしまうと、失敗することもできません。

そして失敗をしなければ、どうしてうまくいくわけがあるでしょう？

プライベートと仕事を分けると、人生の1／3を損する

自分の仕事や人生の意味について悩み、考えている人は多いと思います。

もっとやりがいのある仕事を求めている人もいるでしょうし、仕事はいったんひと区切りにして、プライベートを充実させようと考えている人もいることでしょう。

これほど先が見えない時代ですから、将来への不安が増してしまうのも仕方がないことだと感じます。

ただわたし自身は、これまで仕事と自分の人生とをあまり分けずに生きてきました。それはなにも、「仕事がいちばん大切だ」「仕事こそ生きる意味だ」などと考えていたからではありません。

仕事も生活も、すべてを含めて自分の人生だからです。

仕事と生活のどちらが大切かではなく、どちらか一方の楽しさや充実度、あるいは責任や覚悟のあり方を強調するのでもない。

ただ、仕事はわたしの人生といつも一体になっていて、決して切り分けることができなかっただけです。


楽しさや苦しさがない交ぜになった仕事の時間は、わたしの歩んでいる人生に彩《いろど》りを添《そ》えてくれています。

わたしはほとんどなにもないところから、小さな会社の社長として、あるいはシングルマザーとしてここまで懸命に働いてきました。

でも、もしわたしに子どもがいなければ、一生懸命に仕事に打ち込まなかったかといえば、そうではないとも感じます。もちろん子どもは唯一無二のもので、仕事のやりがいにつながる面は間違いなくあります。

それ以上に、わたしにとって仕事とは「生きることそのもの」でした。

仕事をすることは、わたしにとっては呼吸をするような行為なのかもしれません。

つまり、仕事に一生懸命に取り組まなければ、一度だけ与えられた人生を十全に生きることはできないと感じていたのです。


仕事については、いろいろな考え方があります。

最近、わたしの会社でも数日でアルバイトを辞めてしまった子がいました。

スタッフみんな仲がいいことを知って、馴染もうとする意欲や興味が湧かなかったのでしょう。

「仕事とプライベートはしっかり分けたいのでわたしは無理です」といっていたそうです。

それが間違っているといっているわけではないですし、もちろん「寝る間を惜しんで仕事をしろ」といっているわけでもありません。

でも単純な事実として、多くの働く人は、1日の3分の1程度の時間を仕事に費やしている現実があります。

だからこそ、仕事の時間を大切にしたほうがいいのではないかと思うのです。**仕事もまぎれもない「自分の人生を彩る時間」ととらえ、積極的に楽しんで（あるいは楽しみを探して）充実させていくほうが、自分らしい人生も築きやすくなる**のではないかなとわたしは思います。

いろいろなものを背負い込むのは「ありがたい」こと

なにをするにも、「このままでいい」「ふつうに暮らせればいい」「楽しくて楽なほうがいい」「できればお金はたくさんほしい」というふうに育ってしまう。

そうなると現実という大きな壁にぶちあたったときに、すぐに心が折れがちになるのではないかと心配になります。

「いまの生活を維持したい」「なんとか守りたい」と思うから一歩を踏み出しにくくなりますが、なにかに挑戦しても、いきなり大富豪になったり無一文になったりするわけではありません。

だからこそ、あなたが気になることは、なんでもやってみたらいい。

人生は、一度きり。

「やりたいこと」を全部やってみようと挑戦と失敗と努力を繰り返すなかで、ひとりで生き抜く力は自然と育まれていくし、逆説的ですが、「大変かもしれないけれど充実した人生を歩もう」と心を決めたとき、あなたはまわりにいる人たちとこれまで以上につながっていけるはずです。

なぜなら、充実した人生を送ろう、やりたいことをやろうとしたとき、たったひとりでできることなんてたかがしれているから。

多くの人とかかわらないと、けっして幸せにはなれない。そのことに深く納得できたとき、あなたの人生は本当に変わりはじめます。

逆に、SNSなどを通じて多くの人とつながれるようになり、協力を得られる可能性が高まったことで、**いまの時代は、やりたいことを全部やりやすくなっているともいえます**。

「やりたいこと」を全部やろうと一生懸命に生きることは、あなたの人生を変えていくだけでなく、まわりの多くの人たちを励まし、支え合う生き方でもあるのです。

2004年以降、わたしはインドと継続的に関わってきましたが、当時に比べてインドには大きく変わった面と、ほとんど変わらない面があります。

例えばインドに着いて最初に目にする空港は、先進国となにも変わらないインターナショナルな空港に変わり、かつて降り立ったあのボロボロの空港の面影はどこにも残っていません。街中には複合商業施設が増え、国自体が大きく発展しました。

かたや田舎はほとんど見た目が変わっていません。車で1時間も走れば、もう道なき道を行くような感じになり、「これはほんまに道?」と思うほどのインフラです。

そして、そんな道を行った先に人の住んでいる村がある。そのことがにわかには信じられません。要するに、インドは発展している場所と、そうではない場所の差が非常に大きい国といえるでしょう。

インドという広い国で、わたしが関わっているのは〝点〟のような一部です。それでもインドで仕事をするうちに、最初は屋外で敷物を敷いて作業をしていたのが屋根ができて、壁ができていく。久しぶりに訪れると、それが建物のかたちになっている。

「ならば、事業の拡大に合わせて工場をつくろう」「商品を保管する倉庫もいるね」となって、それにともなって自家発電で電気をつくるという具合に、少しずつインフラが整っていきました。

はじめてインドの田舎の村へ行った頃は、まともなトイレすらありませんでしたが、下水の整備は不十分なものの、トイレも少しずつできはじめました。

インドでのスタッフは、時期に応じて変わりますが、約20~60人ほどであり、けっして大きなお金が動いているわけではありません。

それでも、村の人が洗濯機を買えたり、女の子はほんの少し化粧品を買っておしゃれを楽しんだりできるようになりました。

歩みはゆっくりですが、仕事や生活環境全体が総じてよくなってきたので、ふと「あきらめずにやってきてよかったな」と思うこともしばしばです。

先に書いたように、わたしがインドにたどり着いたのは、あくまでビジネス上の理由です。それが、あきらめずに関わり続けたおかげで、いつの間にか村人のみなさんとの絆が深まり、生活の向上にも貢献することができている。

もちろん、最初から社会貢献なんて考えていません。あるとき人に、「それって社会貢献だね」といわれて、「そういうことになるんだ」とやっと気づけたくらいです。

わたしはインドの人たちの人柄と真面目さ、そしてインドの高度な刺繍などの文化に惹かれて、「信頼を深めていい商品をつくろう」と思っていただけです。でも、いつの間にか仕事を通じて、仕事以外のいろいろなことを背負い込んでいるようです。

そのことに、「ありがたいな」と感じるようになりました。

なぜなら、弱く、怖がりで、逃げ出しそうな自分を追い込んでくれるから。自分ひとりのためにやるというよりも、背負い込んだ人のためにやらなくてはというほうが、逃げ場がないですからね。

背負えば背負うほど「よし、やるしかない」と一歩進みやすくなるのです。

どんな仕事もなんらかの課題を解決するためにあるならば、誰しも、手掛けている仕事はきっと誰かの役に立っています。それを、貧富の差が激しいインドという場所で、身を以て体感する機会を与えられたことに感謝しているところです。

自分が関わる村の範囲に過ぎませんが、わたしはいまもっと踏み込んでインドの現状を変えていきたいと考えています。

○ 気づいたところから変えていけばいい

インドには古くからの伝統や文化や慣習によって、しいたげられ、取り残されている女性がたくさんいます。

具体的には、女性のために（もちろん男性のためでもありますが）、トイレをつくる。これは、いつか実現したいわたしの夢です。

現在の首相であるナレンドラ・モディは、「2019年までにトイレを普及する」と公言して当選したものの、もともと国土が広く人が多過ぎて、政策にも問題があり、汚職も激しく、あまり有効なかたちで実現できていません。

そもそも上下水道のインフラが整備されていないところに、トイレという箱だけをつくっても、「こんな汚い箱のなかでするくらいなら、いままでどおり外でいい」となってしまいます。

そうして屋外から川などに垂れ流しにされ、環境汚染や疫病の発生など様々な深刻な問題を引き起こしています。

もちろんこれはインドに限らず、ほかの国でも大きな問題になっていることです。

ただ、さしあたりインドの女性のためにトイレをつくるべきなのは、女性が外で用を足すことによって、レイプや殺人などの犯罪に頻繁に見舞われている現状があるからです。だからこそ、家や仕事場のなかにトイレは必要だし、もちろんわたしの工場でもきちんと整備しています。

こう書くと、「垂れ流しなら衛生的には意味がない」「環境汚染や下流の住民はどうなる」などと批判する人もいると思います。

でもいま現在、女性が理不尽にしいたげられている現状を鑑みると、女性が家や仕事場のなかで用を足せることはやっぱり大切なことです。

そうした一つひとつの行動の積み重ねが、人々の意識を変えていき、世の中を変えていく力になっていく。

「下水が通っていないところにトイレをつくってもねえ」といっていたら、結局ははじめの一歩が踏み出せず、変化の糸口すらつくることができません。でも、「やれること」からやっていけば、やがてまわりの人たちが、「いまできることからはじめればいいんだ」と思ってくれるかもしれない。

大きな構造的な問題と同時進行で、「これはこれ、それはそれ」と切り分けて、とにかく気づいたところから変えていくこと。

すべてを解決しようと思うと、あまりに難しくてなにもできません。**大きな問題を前にして足が止まりそうになるときほど、目の前にある小さな問題を解決し、はじめの一歩を踏み出し続ける姿勢が必要**なのではないでしょうか。

そうして**できる限り多くの人が、小さな変化を起こしながら進んでいけば、いつかどこかでつながって、大きなうねりとなっていく**と思うのです。

おわりに

いまこそ、「やりたいこと」を全部やれる時代

本書では、大阪にある小さなアクセサリー会社スプリングの代表であるわたし立花《たちばな》佳代《かよ》が、一度だけの人生であなたが「やりたいこと」を全部やるために、わたしなりに大切だと考えることについて書きました。

いまわたしのまわりにも、「なにか本当に自分が好きなことをやりたい」「でも、取っ掛かりが掴めない」と悩みながら、ふだんの仕事をしている人がたくさんいます。

そんな人たちに伝えたいのは、**「人生なにが起こるか誰にもわからないのだから、一生懸命にやっていればきっといいことがあるよ」**というあたりまえの事実です。

急がば回れといいますが、わたしがやってきたことも、結局は目の前のことにとにかく懸命に取り組んできた結果として、いまの状態があります。

もちろん、ただ愚直に努力することに加えて、ここまで書いてきたように、わたしは人一倍「怖がり」だったことで大きなリスクを避けられたのかもしれません。

あるいは、人一倍「情が移ってしまう」ことで、かえって信頼できる人間関係を築けたりしたのかもしれません。

多分に性格的な面もあることですが、そんなことも、みなさんにとって少しでもヒントになれば嬉しく思います。


そして、もうひとつ伝えたいのは、**あなたが「やりたいこと」を全部やることで、不思議とまわりの人も幸せになっていく**ということです。

それは、あなたの笑顔に直接触れることができる家族やパートナーや、友だちかもしれません。

あるいは、同じ地球上の遠く離れた場所に住む、見知らぬ人かもしれません。

いずれにせよ、世界中がつながったいまの時代においては、あなたの充実した幸せな人生がまわりに波及する可能性があります。

そう思って、これからもいろいろな活動をわたしもしていくつもりです。

もし、気になったら、ぜひ、わたしのブランドのウェブサイト（２３９ページにＱＲコードがあります）も覗《のぞ》いてみてください。そして、わたしの理念に少しでも共感していただけたらば、わたしたちの様々な活動のなかで「やりたい」と思えるものがあるならば、ぜひ一緒に「やりたいこと」をやっていきましょう。

株式会社スプリング代表　立花佳代

スプリングからみなさまへ

アクセサリーにできることって、なんだろう。

単身インドへ飛び込み、訪れた村で目にしたのは、インフラの整っていない、電気も十分にないなか、たくましく生きる女性たちと、代々受け継がれた伝統工芸技術。

なんとかこの技術をつかって日本で販売できるアクセサリーがつくれないだろうか。

そこから、何度もあきらめそうになりながらも、もう少しだけ、もう少しを繰り返し、長い年月をかけ、お互いを信じ、いまでは他社が真似できないクオリティの高い、素晴らしい作品がつくれるようになりました。

　そしていま、彼女たちは、自分たちの手で仕事をする喜びを感じています。

　自分たちにしかつくれないアクセサリーをつくることに誇りを持っています。

　おかげで、私たちは、買った人に心から喜ばれる商品を販売できています。

　買った人（身に着けた人）、つくる人、売る人。すべての人が、心から幸せになれる。それこそが、本当のエシカルな商品ではないか。

　そんな思いを胸に、私たちはアクセサリーをとおして、自分たちになにができるかを考え、様々な活動をこれからも続けていきます。

　詳しくは、ホームページ（HP）やインスタグラム（Instagram）などで、発信していきますので、ぜひ、ご覧になってください。

Kayo Tachibana

会社HP

立花佳代のInstagram

やりたいこと、全部やりたい。
自分の人生を自分で決めるための方法

発行日　2021年10月29日　第1刷
発行日　2023年9月15日　第2刷

著者　立花佳代

本書プロジェクトチーム

編集統括	柿内尚文
編集担当	中村悟志
編集協力	岩川悟（合同会社スリップストリーム）、辻本圭介
協力	荒谷博之
デザイン	岩永香穂（MOAI）
カバーイラスト	青竹絵理子
DTP	ユニオンワークス
校正	文字工房燦光
営業統括	丸山敏生
営業推進	増尾友裕、綱脇愛、桐山敦子、相澤いづみ、寺内未来子
販売促進	池田孝一郎、石井耕平、熊切絵理、菊山清佳、山口瑞穂、吉村寿美子 矢橋寛子、遠藤真知子、森田真紀、氏家和佳子
プロモーション	山田美恵、山口朋枝
講演・マネジメント事業	斎藤和佳、志水公美
編集	小林英史、栗田亘、村上芳子、大住兼正、菊地貴広、山田吉之、 大西志帆、福田麻衣
メディア開発	池田剛、中山景、長野太介、入江翔子
管理部	早坂裕子、生越こずえ、本間美咲
マネジメント	坂下毅
発行人	高橋克佳

発行所　株式会社アスコム

〒105-0003
東京都港区西新橋2-23-1　3東洋海事ビル
編集部　TEL：03-5425-6627
営業局　TEL：03-5425-6626　FAX：03-5425-6770

印刷・製本　株式会社光邦

Printed in Japan ISBN 978-4-7762-1157-0